Arbeitsbögen

Klasse! 2

Sharon Brien
Sheila Brighten

OXFORD
UNIVERSITY PRESS

Great Clarendon Street, Oxford OX2 6DP

Oxford University Press is a department of the University of Oxford.
It furthers the University's objective of excellence in research, scholarship,
and education by publishing worldwide in

Oxford New York
Athens Auckland Bangkok Bogotá Buenos Aires
Cape Town Chennai Dar es Salaam Delhi Florence Hong Kong
Istanbul Karachi Kolkata Kuala Lumpur Madrid Melbourne
Mexico City Mumbai Nairobi Paris São Paulo Shanghai Singapore
Taipei Tokyo Toronto Warsaw

with associated companies in
Berlin Ibadan

Oxford is a registered trade mark of Oxford University Press
in the UK and in certain other countries

Acknowledgements

The authors would like to thank the following people for their help and
advice: Marion Shipton, Marion Dill.

Illustrations by Martin Aston, Stefan Chabluk, Angela Lumley, and Bill Piggins.

Designed and typeset by Hardlines, Charlbury

Printed by Athenaeum Press Ltd., Gateshead

Inhalt

National Curriculum Assessment   Teacher: Class:

Names	AT	Cont. asst. units 1–3 mark/level	Kontrollen units 1–3 mark/level	Cont. asst. units 4–6 mark/level	Kontrollen units 4–6 mark/level	Cont. asst. units 7–9 mark/level	Kontrollen units 7–9 mark/level	Summary level by AT
	1							
	2							
	3							
	4							
	1							
	2							
	3							
	4							
	1							
	2							
	3							
	4							
	1							
	2							
	3							
	4							
	1							
	2							
	3							
	4							
	1							
	2							
	3							
	4							
	1							
	2							
	3							
	4							
	1							
	2							
	3							
	4							
	1							
	2							
	3							
	4							
	1							
	2							
	3							
	4							

Name: Klasse: Datum:

		Einheiten 1–3		Kontrollen 1–3		Einheiten 4–6		Kontrollen 4–6		Einheiten 7–9		Kontrollen 7–9	
		Übung	Niveau	Arbeitsblatt	Niveau	Übung	Niveau	Arbeitsblatt	Niveau	Übung	Niveau	Arbeitsblatt	Niveau
AT 1 Hören				82				86				90	
AT 2 Sprechen				83				87				91	
AT 3 Lesen				84A, 84B				88A, 88B				92A, 92B	
AT 4 Schreiben				85				89				93	

Here are some of the instructions you will need to understand in Klasse!

Arbeitet in Gruppen.	*Work in groups.*
Beantworte ...	*Answer ...*
Beispiel:	*Example:*
Benutze ...	*Use ...*
Beschreib ...	*Describe ...*
Diskutiere ...	*Discuss ...*
Du bist dran!	*Now it's your turn!*
Erfinde ...	*Make up ...*
Ergänze ...	*Complete ...*
Finde/Findet die passenden Bilder/Sätze.	*Find the correct pictures/sentences.*
Finde/Findet die richtige Reihenfolge.	*Find the correct order.*
Frag/Fragt ...	*Ask ...*
Füll die Lücken/Tabelle aus.	*Fill in the gaps/table.*
Gedächtnisspiel.	*Memory game.*
Hör gut zu.	*Listen carefully.*
Ist alles richtig?	*Did you get everything right?*
Kopiere ...	*Copy ...*
Korrigiere die falschen Sätze.	*Correct the incorrect sentences.*
Kreuz die passenden Namen an.	*Tick the correct names.*
Lies/Lest ...	*Read ...*
Lies mit.	*Follow the text.*
Lies noch einmal ...	*Read ... again.*
Mach/Macht eine Umfrage.	*Carry out a survey.*
Mach/Macht eine Kassette/ein Poster.	*Make a cassette/poster.*
Mach/Macht Notizen.	*Make notes.*
Mach (weitere) Dialoge.	*Make up (more) dialogues.*
Macht die Bücher auf/zu.	*Open/Close your books.*
Macht einen Wettbewerb.	*Hold a competition.*
Nach dem Lesen:	*After reading:*
Nimm/Nehmt alles auf Kassette auf.	*Record everything on cassette.*
Notiere/Notiert die Antworten.	*Note down the answers.*

Ordne/Ordnet ...	*Put ... in order.*
Organisiere/Organisiert ...	*Organize ...*
Rate ...	*Guess ...*
Ratespiel.	*Guessing game.*
Richtig oder falsch?	*True or false?*
Sag/Sagt ...	*Say ...*
Schau/Schaut ... an.	*Look at ...*
Schau im Wörterbuch nach.	*Look it up in the dictionary.*
Schreib/Schreibt ...	*Write ...*
Schreib/Schreibt die Resultate auf.	*Write down the results.*
Spiel ...	*Play ...*
Sprich/Sprecht ...	*Speak ...*
Tausche/Tauscht ...	*Swap ...*
Verbinde die Bilder.	*Match up the pictures.*
Vor dem Lesen:	*Before reading:*
Wähle/Wählt ...	*Choose ...*
Was bedeutet das?	*What does that mean?*
Was glaubst du?	*What do you think?*
Wie heißt das auf Deutsch?	*What's that in German?*
Wiederhole.	*Repeat.*
Würfelspiel.	*Dice game.*
Zeichne/Zeichnet ...	*Draw ...*
Zeig/Zeigt ...	*Point to/Show ...*

Useful classroom language

Could you say that again, please?	*Wiederholen Sie das bitte.*
How do you pronounce it?	*Wie spricht man das aus?*
How do you say ... in German/English?	*Wie sagt man ... auf Deutsch/Englisch?*
How do you spell it?	*Wie schreibt man das?*
I don't understand.	*Ich verstehe das nicht.*
What activity is it?	*Welche Übung?*
What page is it on?	*Welche Seite?*

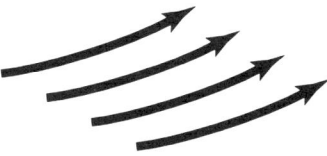

Name: _____

Wie waren die Ferien?	*How were the holidays?*
Wohin bist du im Sommer gefahren?	*Where did you go in the summer?*
Ich bin/Wir sind nach Spanien geflogen.	*I/We flew to Spain.*
Ich bin/Wir sind nach Schottland gefahren.	*I/We went to Scotland.*
Ich bin/Wir sind zu Hause geblieben.	*I/We stayed at home.*
Ich bin/Wir sind nach Rom gefahren.	*I/We went to Rome.*
England/Irland	*England/Ireland*
Schottland/Wales	*Scotland/Wales*
Deutschland	*Germany*
Frankreich	*France*
Griechenland	*Greece*
Italien	*Italy*
Österreich	*Austria*
Spanien	*Spain*
Algerien	*Algeria*
Bangladesch	*Bangladesh*
China/Ghana	*China/Ghana*
Indien/Kenia	*India/Kenya*
Marokko/Nigeria	*Morocco/Nigeria*
Pakistan	*Pakistan*
Südafrika	*South Africa*
Afrika/Amerika	*Africa/America*
Asien/Australien	*Asia/Australia*
Ich bin in die Schweiz/ Türkei gefahren.	*I went to Switzerland/ Turkey.*
Was hast du in ... gemacht?	*What did you do in ... ?*
Ich bin/Wir sind ...	*I/We ...*
zum Freizeitpark/ Strand gefahren.	*went to the leisure park/beach.*
in die Disco/ ins Schwimmbad gegangen.	*went to the disco/ swimming pool.*
in die Stadt gefahren.	*went into town.*
Ich habe/Wir haben ...	*I/We ...*
Tennis gespielt.	*played tennis.*
einen Ausflug (nach ...) gemacht.	*went on an excursion (to ...).*
die Stadt besichtigt.	*visited the town.*

Sehenswürdigkeiten besichtigt.	*visited tourist attractions.*
Postkarten/Souvenirs gekauft.	*bought postcards/ souvenirs.*
ein Picknick gemacht.	*went on a picnic.*
meine Großeltern besucht.	*visited my grandparents.*
Ich habe/Wir haben ... gegessen.	*I/We ate ...*
Eis/Kuchen	*ice-cream/cake*
Paella/Curry	*paella/curry*
Ich habe/Wir haben Limonade getrunken.	*I/We drank lemonade.*
Wie war das Wetter?	*What was the weather like?*
Es war sehr schön.	*It was very good.*
Es war gar nicht schön.	*It wasn't at all good.*
Es war (nicht) ...	*It was(n't) ...*
schlecht	*bad*
sonnig/heiß	*sunny/hot*
kalt/windig	*cold/windy*
neblig/wolkig	*foggy/cloudy*
Es hat ... geregnet/ geschneit.	*It rained/snowed ...*
immer	*all the time (always)*
jeden Tag	*every day*
viel/nicht viel	*a lot/not much*
manchmal/nie	*sometimes/never*
Wo hast du gewohnt?	*Where did you stay?*
Ich habe/Wir haben ... gewohnt.	*I/We stayed ...*
in einem Hotel	*in a hotel*
in einem Wohnwagen	*in a caravan*
in einem Wohnmobil	*in a camper van*
in einem Zelt	*in a tent*
in einer Ferienwohnung	*in a holiday apartment*
in einer Jugendherberge	*in a youth hostel*
bei einer Gastfamilie	*with a host family*
bei Freunden	*with friends*
Wie war das Zimmer/ das Hotel/die Wohnung?	*How was the room/ hotel/apartment?*
Es/Sie war (nicht/sehr) ...	*It was (not/very) ...*
schön	*nice*
groß/klein	*big/small*
modern/alt	*modern/old*
laut	*noisy*

Name: _____

1 🔊 Hör gut zu und finde die passenden Länder. (Brauchst du Hilfe? Sieh Lehrbuch, Seite 10.)

a 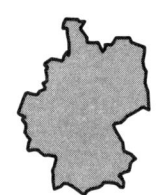 ☐

b 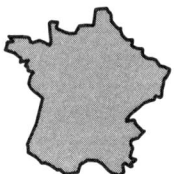 ☐

c 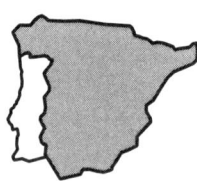 ☐

d 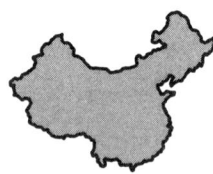 ☐

e  ☐

f  ☐

2 🔊 Anna hat eine Postkarte von ihrer Freundin Jasmin bekommen. Hör gut zu und kreuz die passenden Fotos an.

1a  ☐   b  ☐   4a  ☐   b  ☐

2a  ☐   b  ☐   5a  ☐   b  ☐

3a  ☐   b  ☐   6a 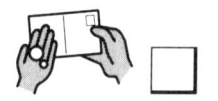 ☐   b 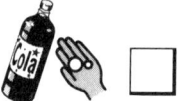 ☐

3 🔊 Hier sind Jakobs Ferienfotos. Hör gut zu und finde die richtige Reihenfolge.

a  ☐

b  ☐

c  ☐

d  ☐

e  ☐

f  ☐

Partner/Partnerin A

1a Frag deinen Partner/deine Partnerin: „Wie war das Wetter in … ?“ Dein Partner/deine Partnerin antwortet.

Beispiel:

A Wie war das Wetter in Schottland?

B Es war kalt.

1   2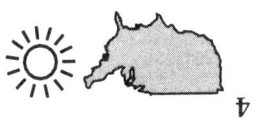

3   4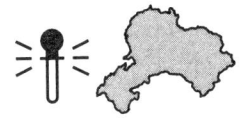

1b Dein Partner/deine Partnerin fragt: „Wie war das Wetter in … ?“ Antworte mit den Informationen rechts.

1    2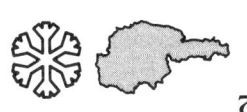

2a Beschreib deine letzten Sommerferien. Dein Partner/deine Partnerin macht Notizen.

3    4

• Wohin bist du gefahren?
• Was hast du gemacht?

2b Dein Partner/deine Partnerin beschreibt seine/ihre letzten Sommerferien. Mach Notizen.

• Wohin ist er/sie gefahren?
• Was hat er/sie dort gemacht?

Partner/Partnerin B

1a Dein Partner/deine Partnerin fragt: „Wie war das Wetter in … ?“ Antworte mit den Informationen rechts.

Beispiel:

A Wie war das Wetter in Schottland?

B Es war kalt.

1    2

3    4

1b Frag deinen Partner/deine Partnerin: „Wie war das Wetter in … ?“ Dein Partner/deine Partnerin antwortet.

1    2

3    4

2a Dein Partner/deine Partnerin beschreibt seine/ihre letzten Sommerferien. Mach Notizen.

• Wohin ist er/sie gefahren?
• Was hat er/sie dort gemacht?

2b Beschreib deine letzten Sommerferien. Dein Partner/deine Partnerin macht Notizen.

• Wohin bist du gefahren?
• Was hast du gemacht?

Name: _____

1 Finde die passenden Bilder für die Sprechblasen.

1 Es war wolkig. ☐

2 Es hat viel geschneit. ☐

3 Es war sonnig. ☐

4 Es war sehr windig. ☐

5 Es war neblig. ☐

6 Es hat immer geregnet. ☐

a  b

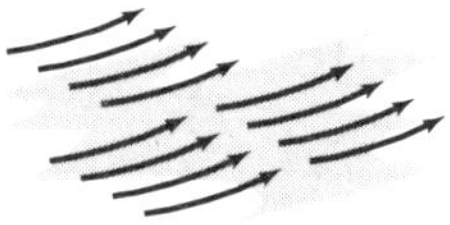

c  d

e  f

2 Was hat Tina in den Sommerferien gemacht? Finde die passenden Bilder.

Samstag	Mittwoch
nach Spanien geflogen	Tennis mit Carlos gespielt
Sonntag	**Donnerstag**
zum Strand gegangen	Postkarten geschrieben
Montag	**Freitag**
Ausflug zum Markt gemacht	die Stadt besichtigt
Dienstag	**Samstag**
Eis im Café gegessen	nach Hause geflogen

Samstag     Mittwoch

Sonntag     Donnerstag

Montag     Freitag

Dienstag     Samstag

3 Lies Elisabeths Brief und finde die passenden Antworten.

Lieber David!

Danke für deine E-Mail.
Ich bin gerade aus Italien mit dem Zug
zurückgekommen. Es war wirklich toll!
Wir haben in einem schönen Hotel in
Pisa gewohnt. Wir haben natürlich den
Turm besichtigt und jeden Tag sind wir
im Hotelschwimmbad geschwommen. Am
Abend sind wir in ein Restaurant in der
Stadt gegangen und wir haben allerlei
Sorten Pizza und Pasta gegessen.
Lecker!
Wie waren deine Ferien?

Schreib bald wieder!

Elisabeth

1 Elisabeth ...

a ist nach Italien gefahren. ☐

b ist nach Italien geflogen. ☐

2 Die Ferien waren ...

a gar nicht schön. ☐

b sehr schön. ☐

3 Sie hat ...

a die Stadt besichtigt. ☐

b Postkarten gekauft. ☐

4 Sie ist auch ...

a schwimmen gegangen. ☐

b in die Disco gegangen. ☐

5 Sie hat abends ...

a im Hotelrestaurant gegessen. ☐

b in einem italienischen Restaurant gegessen. ☐

Name: _____

1 Wie war das Wetter? Schreib die Sätze richtig auf.

a | immer | hat | geschneit | Es | . |

d | schön | war | nicht | Es | gar | . |

b | nie | Es | kalt | war | . |

e | sonnig | Es | sehr | war | . |

c | nicht | war | Es | schlecht | . |

f | geregnet | nicht | hat | viel | Es | . |

2 Wohin sind sie gefahren? Was sagen sie? Schreib Sprechblasen.

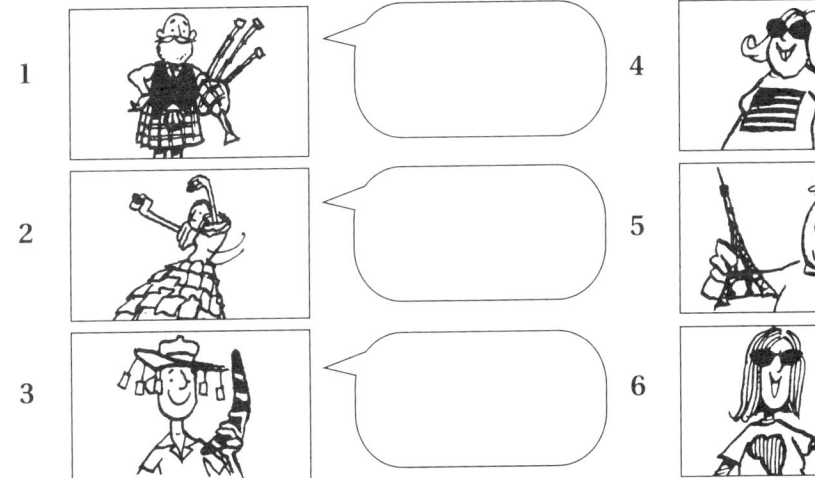

3 Hier sind Leonards Ferienfotos. Er möchte eine Postkarte schreiben. Was schreibt er?

Lieber Thomas!
Wie geht's? Wie waren die Ferien?

_____
_____
_____
_____
_____
_____
_____

Bis bald!
Dein Leonard

Name: _____

Flashback

Verbs that form their perfect tense with *sein* mainly express movement or change (to go, to travel). These verbs are normally marked with * in dictionary verb tables.

The past participles of these verbs are also irregular. Most of them start with *ge-* but end with *-en* and some also change their vowel sounds.

infinitive		*sein*	+	past participle
fahren	ich	bin		gefahren
gehen	du	bist		gegangen
fliegen	er/sie/es	ist		geflogen
bleiben	wir	sind		geblieben
	ihr	seid		
	sie/Sie	sind		

1a Füll die Lücken aus.

1 Ich __bin__ nach Paris gefahren.

2 Wir _____ in die Stadt gegangen.

3 Er _____ nach Amerika geflogen.

4 Du _____ zu Hause geblieben.

5 Sie (*pl.*) _____ zum Strand gefahren.

6 Ich _____ nach Rom geflogen.

1b Füll die Lücken aus.

1 Wir sind nach Afrika __geflogen__ . (fliegen)

2 Du bist nach Berlin _____ . (fahren)

3 Er ist zu Hause _____ . (bleiben)

4 Ich bin nach China _____ . (fliegen)

5 Ihr seid zum Strand _____ . (fahren)

6 Sie sind nach Hause _____ . (gehen)

Flashback

There is also another form of the past tense in German, as in English. This is called the imperfect tense and is most commonly found in written accounts of past events.

Some very common verbs are nearly always used in the imperfect rather than the perfect tense, for example *sein* (to be).

Ich war in Spanien   I **was** in Spain.
Es war sehr heiß.   It **was** very hot.
Wie waren die Ferien? How **were** the holidays?

2 Füll die Lücken aus.

| war | warst | war | waren | war |

1 Er _____ in Schottland.

2 Wir _____ bei meinen Großeltern.

3 Es _____ sehr kalt und windig.

4 Sie _____ im Schwimmbad.

5 Wo _____ du?

Name: _____

Flashback

Most verbs form the perfect tense with *haben*. Their past participles usually start with *ge-* and end in *-t*, but there are also a number of exceptions which need to be learnt.

infinitive		*haben*	+	past participle
kaufen	ich	habe		gekauft
machen	du	hast		gemacht
trinken	er/sie/es	hat		getrunken
essen	wir	haben		gegessen
besuchen	ihr	habt		besucht
besichtigen	sie/Sie	haben		besichtigt

1a Füll die Lücken aus.

1 Ich ____*habe*____ Souvenirs gekauft.

2 Er _____ einen Ausflug gemacht.

3 Du _____ ein Eis gegessen.

4 Wir _____ Freunde besucht.

5 Sie (*pl.*) _____ Limonade getrunken.

6 Ihr _____ die Stadt besichtigt.

1b Füll die Lücken aus.

1 Ich habe Paella ____*gegessen*____ . (essen)

2 Wir haben Sehenswürdigkeiten _____ . (besichtigen)

3 Sie haben einen Ausflug _____ . (machen)

4 Er hat seinen Brieffreund _____ . (besuchen)

5 Du hast Tennis _____ . (spielen)

6 Ihr habt Cola _____ . (trinken)

2 Schreib die Sätze richtig auf. Es gibt mehrere Kombinationen.

Beispiel: *1 Ich habe Fußball gespielt.*

1	Ich	hat	nach Holland gefahren.
2	Wir	ist	im Restaurant gegessen.
3	Er	bist	zu Hause geblieben.
4	Wir	habe	ins Museum gegangen.
5	Du	haben	Fußball gespielt.
6	Tom	sind	die Stadt besichtigt.

3 Schreib Sätze für gestern. Sieh auch Lehrbuch, Seite 12–13. Erfinde dann weitere Beispiele.

Beispiel: *1 Wir haben die Stadt besichtigt.*

	heute
1	Wir besichtigen die Stadt.
2	Du kaufst Souvenirs.
3	Er bleibt zu Hause.
4	Ich fliege nach Afrika.
5	Sie isst im Restaurant.
6	Er besucht seine Oma.

Name: _____

1

2

3

4

Flashback

When adapting a piece of written German, try to keep the framework whilst changing the details.

1 Adaptiere diesen Brief mit den Informationen rechts.

Hallo, Martin!

Wie geht's?
Ich bin in den Ferien **nach Salzburg** geflogen.
Gestern **habe ich die Stadt besichtigt** und heute **habe ich einen Ausflug gemacht.**
Bis bald!

Dein Christian

Flashback

When listening to a piece of spoken German, try to note down the key words. Abbreviations and even sketches might help you to record information quickly.

2a Wie waren die Ferien für Agatha und Hannelore? Hör gut zu und schreib die Schlüsselwörter, Abkürzungen oder Bilder auf.

Agatha	Hannelore
Hotel – zu groß/laut	

2b Schreib dann Sätze mit deinen Informationen für Agatha und Hannelore.

Beispiel: *Agatha: Das Hotel war zu groß und zu laut.*

Flashback

To work out the meaning of a new word:
• have a guess! Does the word contain other words that you already know? Is the word similar to an English word?
• look it up in a word list or dictionary.
• ask your teacher – in German!

3 Was bedeuten diese Wörter?

Altglascontainer	Partykeller
Computerspiel	Recyclingpapier
Eisbahn	Schreibtisch
Ferienwohnung	Schulfest
Freizeitpark	Stadtmitte
Gastfamilie	Taschengeld
Kartoffelsalat	Telefonkarte
Krankenhaus	Tomatensoße
Lieblingsgruppe	Wohnwagen
Mineralwasser	Zucker

Name: _____

Ich stehe auf.	*I get up.*
Ich wasche mich.	*I have a wash.*
Ich ziehe mich an.	*I dress myself.*
Ich frühstücke.	*I have breakfast.*
Ich gehe in die Schule.	*I go to school.*
Ich gehe nach Hause.	*I go home.*
Ich ziehe mich aus.	*I undress myself.*
Ich gehe ins Bett.	*I go to bed.*

Was machst du um sieben Uhr?	*What do you do at seven o'clock?*
Um sieben Uhr wasche ich mich.	*I have a wash at seven o'clock.*

Wann gehst du in die Schule?	*When do you go to school?*
Um halb acht gehe ich in die Schule.	*I go to school at seven thirty.*

Wie hilfst du zu Hause?	*How do you help at home?*

Ich räume mein Zimmer auf.	*I tidy my room.*
Ich putze das Badezimmer.	*I clean the bathroom.*
Ich sauge Staub.	*I vacuum.*
Ich wasche ab.	*I wash up.*
Ich füttere den Hund und die Katze.	*I feed the dog and the cat.*
Ich decke den Tisch.	*I lay the table.*
Ich kaufe ein.	*I go shopping.*

Wie oft machst du das?	*How often do you do that?*
Ich decke ... den Tisch.	*I lay the table ...*
immer	*always*
jeden Tag	*every day*
oft	*often*
einmal pro Woche	*once a week*
selten	*rarely*
nie	*never*

Wie viel Geld bekommst du?	*How much money do you get?*
Ich bekomme pro Monat/ pro Woche vier Pfund.	*I get four pounds per month/per week.*
Ich bekomme kein Geld.	*I don't get any money.*

Von wem bekommst du das Geld?	*Who do you get your money from?*

Ich bekomme pro Woche vier Pfund ...	*I get four pounds a week ...*
von meinem Vater/ Onkel/Opa	*from my father/uncle/ grandad*
von meiner Mutter/ Tante/Oma	*from my mother/aunt/ grandma*
von meinen Eltern/ Großeltern	*from my parents/ grandparents*

Was kaufst du und wofür sparst du?	*What do you buy and what are you saving for?*
Ich kaufe/spare für ...	*I buy/am saving for ...*
einen Computer	*a computer*
eine Stereoanlage	*a hi-fi*
eine Jeans	*a pair of jeans*
ein Fahrrad	*a bike*
ein Computerspiel	*a computer game*
CDs/Kleidung	*CDs/clothes*
Make-up/Süßigkeiten	*make-up/sweets*
Zeitschriften	*magazines*

Hast du einen Nebenjob?	*Do you have a part-time job?*

Ich helfe zu Hause.	*I help at home.*
Ich arbeite im Garten.	*I work in the garden.*
Ich bin Babysitter/ Babysitterin.	*I am a babysitter.*
Ich führe den Hund aus.	*I take the dog for a walk.*
Ich wasche das Auto.	*I wash the car.*
Ich trage Zeitungen aus.	*I deliver newspapers.*

Wie viel verdienst du?	*How much do you earn?*
Ich bekomme/verdiene pro Woche 10 Euro.	*I get/earn 10 Euros per week.*
Ich bekomme/verdiene kein Geld.	*I don't get/earn any money.*

Ich arbeite jeden Tag/ am Wochenende.	*I work every day/ at weekends.*

Ich finde den Job ...	*I find the job ...*
super/toll/gut	*excellent/great/good*
langweilig/schrecklich	*boring/awful*
nicht so gut	*not so good*
Ich mag den Job sehr gern.	*I like the job a lot.*
Ich mag den Job gar nicht.	*I don't like the job at all.*
Das macht Spaß/keinen Spaß.	*That's fun/that's no fun at all.*

Name: _____

1 🔊 Hör gut zu und finde die passenden Bilder.

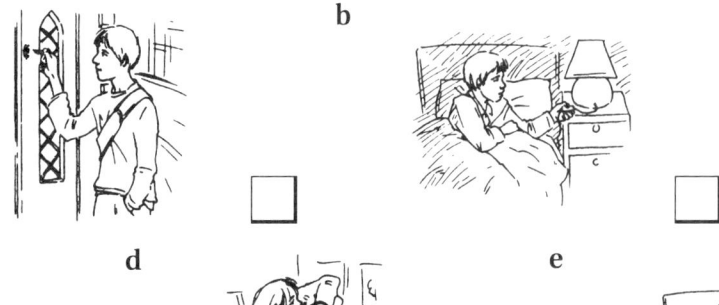

a   b   c

☐   ☐   ☐

d   e

☐   ☐

2 🔊 Wie oft machen sie das? Hör gut zu und kreuz die Bilder richtig an.

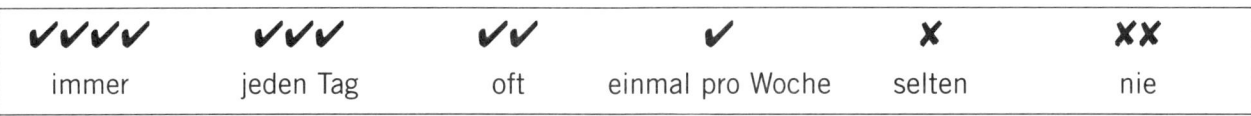

✔✔✔✔	✔✔✔	✔✔	✔	✗	✗✗
immer	jeden Tag	oft	einmal pro Woche	selten	nie

1   2   3

4   5   6

3 🔊 Was kaufen sie und wofür sparen sie? Hör gut zu und füll die Tabelle aus.

Name	kauft …	spart für …
Max		
Beate		
Pepi		

Partner/Partnerin A

1a Dein Partner/deine Partnerin stellt Fragen. Wähle ein Bild (a–f) und beantworte die Fragen. Dein Partner/deine Partnerin findet das passende Bild.

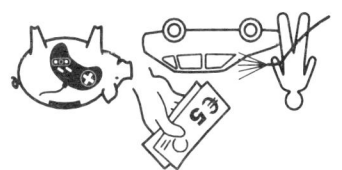

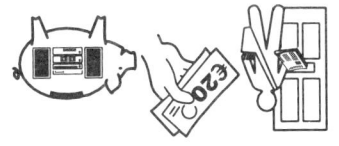

c   b   a

f   e   d

1b Stell die Fragen unten. Dein Partner/deine Partnerin antwortet. Finde das passende Bild in Übung 1a.

- Hast du einen Nebenjob?
- Wie viel verdienst du?
- Was machst du mit dem Geld?

2 Du bist dran! Macht weitere Dialoge mit den Fragen in Übung 1b.

Partner/Partnerin B

1a Stell die Fragen unten. Dein Partner/deine Partnerin antwortet.
Finde das passende Bild in Übung 1b.

- Hast du einen Nebenjob?
- Wie viel verdienst du?
- Was machst du mit dem Geld?

1b Dein Partner/deine Partnerin stellt Fragen. Wähle ein Bild (a–f) und beantworte die Fragen. Dein Partner/deine Partnerin findet das passende Bild.

a

b

c

d

e

f

2 Du bist dran! Macht weitere Dialoge mit den Fragen in Übung 1a.

Name: _____

1   Wer sagt das? Anja oder Paul? Schreib *A* oder *P* in die Kästchen.

1 Ich sauge immer Staub. ☐

2 Ich wasche jeden Tag ab. ☐

3 Ich füttere oft den Hund und die Katze. ☐

4 Ich putze selten das Badezimmer. ☐

5 Ich räume mein Zimmer oft auf. ☐

6 Ich decke jeden Tag den Tisch. ☐

2   Peter ist Popstar. Lies den Text und die Sätze unten. Sind sie richtig oder falsch?

Also, ich stehe jeden Tag um zwölf Uhr auf. Ich frühstücke selten, aber ich füttere immer meinen Hund Rufus. Rufus ist sieben Jahre alt und sehr freundlich. Um zwei Uhr ziehe ich mich endlich an. Ich wasche mich nie und ich räume mein Zimmer gar nicht auf. Ich kaufe einfach neue Kleidung. Das ist cool. Alle sagen, ich bin faul und das bin ich manchmal. Aber ich führe jeden Tag Rufus aus. Ich arbeite jeden Abend und am Wochenende und ich finde meinen Job super. Ich verdiene viel Geld. Das finde ich super, aber ich spare nicht gern – das macht keinen Spaß! Aber Einkaufen – das macht viel Spaß! Ich kaufe Computerspiele, CDs und ein neues Auto. Ich mag meinen roten BMW sehr gern. Um zwei oder drei Uhr morgens gehe ich ins Bett. Oft ziehe ich mich gar nicht aus. Ich bin immer zu müde!

	Richtig	Falsch
1 Peter steht immer spät auf.		
2 Peter mag sein Frühstück.		
3 Peter hat kein Haustier.		
4 Peter hilft gar nicht gern zu Hause.		
5 Peter arbeitet sieben Tage pro Woche.		
6 Peter hat kein Geld.		
7 Peter spart für ein Auto.		
8 Peter geht spät ins Bett.		

Name: _____

1 Was kaufst du und wofür sparst du? Schreib die Wörter richtig auf und finde die passenden Bilder.

1 OTURPCME _____ ☐

2 NETRALSEOGEA _____ ☐

3 SJANE _____ ☐

4 DHARAFR _____ ☐

5 RMUESCPLIOTPE _____ ☐

6 ERSHFNERE _____ ☐

7 NIDGLKEU _____ ☐

8 AKME-PU _____ ☐

9 GÜKNETßSIIE _____ ☐

10 TZSINTECREIHF _____ ☐

2a Was machst du heute? Schreib Sätze.

*Beispiel: **a** Ich stehe auf und ich frühstücke*

a  b  c  d

2b Wie hilfst du zu Hause? Schreib Sätze.

*Beispiel: **a** Ich räume mein Zimmer auf und ich sauge Staub.*

a  b  c  d

3 Du bist dran! Beantworte diese Fragen. Schreib ganze Sätze.

1 Was machst du heute?

2 Wie hilfst du zu Hause?

3 Hast du einen Nebenjob?

4 Wie findest du den Job?

5 Wie viel Taschengeld bekommst du?

6 Von wem bekommst du dein Taschengeld?

Name: _____

1a W📖 Wie schreibt man ‚to sunbathe' auf Deutsch?

1b W📖 Wie schreibt man ‚I sunbathe' auf Deutsch?

1c W📖 Schreib Stufen 1a und 1b für die folgenden Verben.

1 to hurry	4 to feel
2 to complain	5 to shave
3 to have a shower	6 to sit down

Flashback

Some German verbs are called reflexive verbs. They have an extra word in the verb: a reflexive pronoun, such as *mich* (myself). In the dictionary they either have *refl. V.* after them or are written like this – *sich waschen*. Always write a reflexive verb in your vocabulary book with its reflexive pronoun *sich*.

Flashback

The infinitives of some verbs need to be split into two parts when you use them. These verbs are called separable verbs. The first part of the verb is called the separable prefix: *ab, an, auf, aus, ein*, for example. This goes to the end of the sentence and the main part of the verb is used in the usual way.

2a Was sind die zwei Teile von diesen trennbaren Verben?

aufstehen _____ _____

abwaschen _____ _____

einkaufen _____ _____

2b Schreib Sätze mit den Verben in Übung 2a.

Beispiel: Ich stehe auf.

_____

_____

_____

_____

_____

_____

2c W📖 Was sind die Infinitive von diesen Verben und wie heißen sie auf Englisch?

1 Er kommt an. _____

2 Wir fahren ab. _____

3 Ich wache auf. _____

4 Sie schläft ein. _____

5 Ich trockne ab. _____

6 Er hört zu. _____

Name: _____

Flashback

Remember that *der* (the) becomes *den* in the accusative case:
*Das ist **der** Tisch. → Ich decke **den** Tisch.*

1   **Füll die Lücken aus.**

1   Ich mag _____ Job sehr gern.

2   Ich wasche jeden Tag _____ Auto.

3   Ich kaufe _____ weiße Jeans.

4   Ich sehe gern _____ Nachrichten.

5   Ich führe jeden Abend _____ Hund aus.

Flashback

When you use *von* (from) in a sentence, you have to use the dative case after it:

Maskulinum	Femininum	Neutrum	Plural
von mein**em** Vater	von mein**er** Mutter	von mein**em** Pferd	von mein**en** Eltern

Try to learn these endings off by heart like a chant – *m, r, m, n*!

2a   **Füll die Lücken mit *meinem, meiner, meinem* oder *meinen* aus.**

1   Ich bekomme ein Fahrrad von _____ Onkel.

2   Ich bekomme ein Computerspiel von _____ Tante.

3   Ich bekomme kein Taschengeld von _____ Eltern.

4   Ich bekomme neue Kleidung von _____ Vater.

5   Ich bekomme Zeitschriften von _____ Großeltern.

2b   **Du bist dran! Erfinde weitere Beispiele.**

Flashback

When you use *für* (for) in a sentence, you have to use the accusative case after it. Remember that only the masculine form of *ein* or *mein* is different from the nominative case: *Ich spare für einen Computer. Ich kaufe Süßigkeiten für meinen Bruder.*

3   **Füll die Lücken aus.**

1   Ich kaufe Zeitschriften für _____ Schwester.

2   Ich spare für _____ Stereoanlage.

3   Ich spare für _____ Fahrrad.

4   Ich habe nichts für _____ Bruder!

5   Ich spare für _____ Computer.

Name: _____

Flashback

There are many ways of expressing opinions in German. Remember that opinions can be both positive and negative.

You can express opinions by using simple adjectives like:

super	langweilig	schrecklich
toll	nicht so gut	gut

You can express simple opinions about places and people with adjectives that describe what they are like, in your opinion:

freundlich	leise	schön
ungeduldig	laut	hässlich

You can also express opinions using certain verbs or expressions.

Ich finde den Job toll.   *Ich mag den Job sehr gern.*   *Das macht Spaß.*
Ich finde den Job schrecklich.   *Ich mag den Job gar nicht.*   *Das macht keinen Spaß.*

1a 🄦📖 **Schreib zwei Listen mit 10 positiven und 10 negativen Adjektiven.**

Positiv	Negativ
freundlich	hässlich

1b **Du bist dran! Schreib Sätze mit positiven und negativen Adjektiven über deine Schule.**

Beispiel: *Meine Schule ist toll. Die Lehrer sind super, aber das Essen ist nicht so gut …*

2a **Ergänze die Sätze mit den Adjektiven.**

Beispiel:

1 Der Busbahnhof ist laut und hässlich.

> **laut hässlich lieb schön groß schön**
> **rot toll klein leise modern frech**

1 Der Busbahnhof ist …

2 Meine Oma ist …

3 Das Freizeitzentrum ist …

4 Mein Pullover ist…

5 Mein Meerschweinchen ist …

6 Mein Haus ist…

2b **Du bist dran! Beschreib einen Freund/eine Freundin.**

Beispiel:

Meine Freundin heißt Gabi. Sie ist immer freundlich und sehr nett. Manchmal ist sie …

3a **Wie hilfst du zu Hause? Wie findest du das alles? Schreib Sätze.**

Beispiel:

Ich räume mein Zimmer auf. Das macht keinen Spaß.

3b **Schreib positive und negative Sätze über die Nebenjobs unten.**

Beispiel:

1 Ich bin Babysitter. Das macht Spaß! Ich finde den Job super.

Name: _____

Mein bester Freund/ Meine beste Freundin ist/heißt ...	My best friend is/is called ...
Wie sieht er/sie aus?	What does he/she look like?
Wie siehst du aus?	What do you look like?
Meine Augen sind blau/ braun/grün.	My eyes are blue/brown/ green.
Seine Haare sind blond/ braun/rot/schwarz.	His hair is blond/brown/ red/black.
Ihre Haare sind lang/ kurz/lockig/glatt.	Her hair is long/short/ curly/straight.
Ich habe blaue/braune/ grüne Augen.	I've got blue/brown/ green eyes.
Er/Sie hat braune/lange/ lockige Haare.	He/She has brown/long/ curly hair.
Ich trage eine Brille.	I wear glasses.
Er/Sie trägt einen Ohrring/Ohrringe.	He/She wears an earring/ earrings.
Mein/Sein/Ihr Lieblingsfilm ist ...	My/His/Her favourite film is ...
Seine Lieblingsfarbe ist ...	His favourite colour is ...
Ihre Lieblingsgruppe ist ...	Her favourite group is ...
Wie bist du?	What are you like?
Wie ist er/sie?	What is he/she like?
Ich bin immer/oft ...	I am always/often ...
Er/Sie ist nie/zu ...	He/She is never/too ...
arrogant/frech	arrogant/cheeky
gemein/launisch	nasty/moody
lieb	sweet/kind/nice
lustig	funny/amusing
nett/schüchtern	nice/shy
sympathisch	pleasant/nice
(un)freundlich	(un)friendly
(un)geduldig	(im)patient
Ich mag ..., weil er immer sympathisch ist.	I like ..., because he's always nice.
Ich mag ..., weil sie nie launisch ist.	I like ..., because she's never moody.
Wir verstehen uns immer sehr gut, weil sie sympathisch sind.	We always get on very well because they are nice.
Wir streiten uns nie/ selten/manchmal/oft.	We never/seldom/some- times/often argue.

Meine Eltern sind ...	My parents are ...
Mein Vater/Meine Mutter ist ...	My father/mother is ...
immer tolerant	always tolerant
manchmal ungeduldig	sometimes impatient
zu streng	too strict
modern	modern/fashionable
altmodisch	old-fashioned
Das finde ich (nicht) gut/gemein.	I think that's (not) good/mean.
Wir streiten uns, weil ich kein eigenes Zimmer habe.	We argue because I don't have my own room.
zu wenig Taschengeld bekomme.	don't get enough pocket money.
selten zu Hause helfe.	rarely help at home.
nie den Tisch decke/ das Badezimmer putze.	never lay the table/ clean the bathroom.
mein Zimmer nie aufräume.	never tidy up my room.
zu viel fernsehe.	watch too much TV.
zu viel Fastfood/zu viele Süßigkeiten esse.	each too much fast- food/too many sweets.
zu viele Zeitschriften/ CDs kaufe.	buy too many magazines/CDs.
Ich muss jeden Tag abwaschen.	I must/have to do the washing up every day.
um 19 Uhr zu Hause sein.	be at home at 7 p.m.
um 21 Uhr ins Bett gehen.	go to bed at 9 p.m.
jeden Abend lernen.	study every evening.
immer zu Hause helfen.	always help at home.
Ich darf (nicht) ...	I'm (not) allowed ...
fernsehen.	to watch TV.
in die Disco/in Konzerte gehen.	to go to the disco/to concerts.
in den Ferien arbeiten.	to work in the holidays.
Ich darf (keine) ...	I'm (not) allowed ...
Musik im Wohnzimmer hören.	to listen to music in the living room.
Freunde nach Hause einladen.	to invite friends home.

Name: _____

1 🔊 Hör gut zu und finde die passenden Fotos.

a ☐ b ☐ c ☐ d ☐ e ☐ f ☐

2 🔊 Julia beschreibt ihre Klassenkameraden. Hör gut zu und finde die passenden Bilder.

Andreas ☐   Thomas ☐

Marco ☐   Lena ☐

Claudia ☐   Susie ☐

a   b   c   d   e   f

3a 🔊 Was dürfen sie machen? (✔) Was dürfen sie nicht machen? (✗) Hör gut zu und füll die Tabelle aus.

Martina								
Christian								
Sabina								
Markus								

3b 🔊 Hör noch einmal zu. Sind die Sätze richtig oder falsch? Schreib R oder F.

1 Martina findet ihre Eltern altmodisch. ☐

2 Christian hilft oft zu Hause. ☐

3 Sabina darf in den Ferien arbeiten. ☐

4 Markus bekommt kein Taschengeld. ☐

 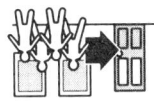
 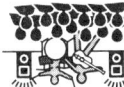 

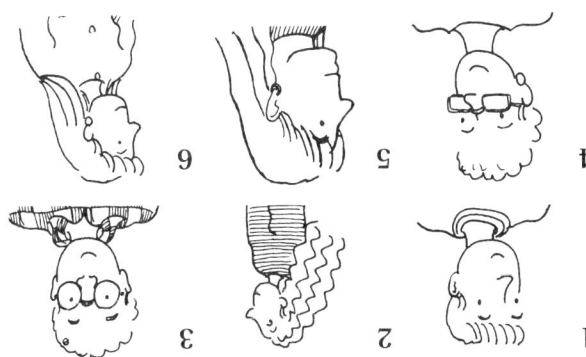

Partner/Partnerin A

1a Wähle ein Bild und beschreib es deinem Partner/deiner Partnerin. Dein Partner/deine Partnerin sucht dann das passende Bild.

Beispiel:

A Sie hat lange lockige Haare.

B Das ist Bild 2.

A Richtig!

1b Dein Partner/deine Partnerin beschreibt ein Bild. Finde das passende Bild in Übung 1a.

2a Frag deinen Partner/deine Partnerin: „Was darfst du machen?"

2b Dein Partner/deine Partnerin fragt: „Was darfst du machen?" Antworte mit den Informationen unten.

Beispiel:

B Was darfst du machen?

A Ich darf in die Disco gehen. ...

Partner/Partnerin B

1a Dein Partner/deine Partnerin beschreibt ein Bild. Finde das passende Bild.

Beispiel:

A Sie hat lange lockige Haare.

B Das ist Bild 2.

A Richtig!

1b Wähle ein Bild in Übung 1a und beschreib es deinem Partner/deiner Partnerin. Dein Partner/deine Partnerin sucht dann das passende Bild.

2a Dein Partner/deine Partnerin fragt: „Was darfst du machen?" Antworte mit den Informationen unten.

Beispiel:

A Was darfst du machen?

B Ich darf Süßigkeiten essen, ...

2b Frag deinen Partner/deine Partnerin: „Was darfst du machen?"

Name: _____

1a Was passt zusammen? Verbinde die Wörter.

1 Ich muss ——— in die Disco gehen.

2 Ich darf ——— jeden Abend lernen.

3 Ich muss   keine Süßigkeiten essen.

4 Ich darf   um 21 Uhr ins Bett gehen.

5 Ich muss   nicht fernsehen.

6 Ich darf   jeden Tag um 20 Uhr zu Hause sein.

1b Wer sagt was? Finde die passenden Bilder für die Sätze in Übung 1a.

a ☐   b ☐   c ☐

d |1| e ☐   f ☐

2 Lies Annas Brief und die Sätze. Sind sie richtig oder falsch? Schreib *R* oder *F* in die Kästchen.

Liebe Tante Hannelore,

ich habe ein großes Problem. Meine Eltern sind sehr streng und gar nicht tolerant. Wir streiten uns jeden Tag. Ich muss abends immer lernen und darf keine Freunde nach Hause einladen. Das finde ich so doof!
Am Wochenende muss ich mein Zimmer aufräumen und das Badezimmer putzen. Ich bekomme nicht viel Taschengeld. Ich muss einen Monat für eine CD sparen und darf keine Süßigkeiten kaufen! Ich darf ins Kino gehen, aber nicht in die Disco!

Warum sind meine Eltern so gemein?

Ihre Anna

1 Anna versteht sich gut mit ihren Eltern. ☐

2 Sie darf ihre Freunde nach Hause einladen. ☐

3 Sie muss zu Hause helfen. ☐

4 Sie bekommt kein Taschengeld. ☐

5 Sie darf keine CDs kaufen. ☐

6 Sie darf nicht ins Kino gehen. ☐

Name: _____

1 Schreib Sätze.

Beispiel: a Sie hat lange blonde Haare.

a    b

c    d

e    f

2 Beantworte die Fragen in Sätzen.

1 Wie heißt dein bester Freund/deine beste Freundin?

2 Wie sieht er/sie aus?

3 Was ist seine/ihre Lieblingsfarbe?

4 Was ist sein/ihr Lieblingsfilm?

5 Was ist seine/ihre Lieblingsmusik?

3a Michael beschreibt seine Eltern. Beantworte die Fragen für Michael und schreib einen Brief.

• Wie sieht dein Vater/deine Mutter aus?
• Wie sind sie? (streng/sympathisch/ tolerant usw.?)
• Verstehst du dich gut mit deinen Eltern?
• Wie musst du zu Hause helfen?
• Was darfst du machen/nicht machen?

3b Du bist dran! Beschreib deine Eltern.

Name: _____

Possessive pronouns come before the noun and take the same endings as *ein, eine, ein*:

m.	ein Freund	mein/dein/sein/ihr Freund
f.	eine Freundin	meine/deine/seine/ihre Freundin
n.	ein Buch	mein/dein/sein/ihr Buch
pl.	Haare	meine/deine/seine/ihre Haare

1   **Füll die Lücken aus.**

1 m____ Freund   4 d____ Mutter

2 m____ Freundin   5 s____ Eltern

3 m____ Haare   6 i____ Bruder

If you link two sentences together using the word *weil* (because), the verb of the second sentence goes to the end:

Ich mag Thomas. → *Ich mag Thomas,* **weil** *er*
Er ist lustig.   *lustig* **ist***.*

3   **Verbinde die Sätze mit *weil*.**

Beispiel: *1 Ich mag Annika nicht, weil sie sehr laut ist.*

1 Ich mag Annika nicht. Sie ist sehr laut.

2 Ich mag Martin. Er ist freundlich.

3 Ich mag Tobias nicht. Er ist sehr arrogant.

4 Ich mag Silke. Sie ist sehr sympathisch.

5 Ich mag Sabine. Wir streiten uns nie.

When an adjective **follows** the noun it is describing, you **don't** need to add an ending:

Seine Augen sind **blau***.*   His eyes are blue.

But when the adjective comes **before** the noun, you **do** need to add an ending:

Er hat **blaue** *Augen.*   He has blue eyes.

2   **Schreib Sätze.**

Beispiel: *1 Ich habe schwarze Haare.*

1 Haare – schwarz   4 Augen – grün

2 Augen – blau   5 Haare – lang/glatt

3 Haare – lockig   6 Haare – kurz/braun

The verbs *müssen* and *dürfen* are known as modal verbs. When used together with other verbs (in the infinitive), they tell you what you **have to** or **are allowed to** do. The infinitive of the other verb goes to the end of the sentence or clause:

Ich mache meine Hausaufgaben.
Ich **muss** *meine Hausaufgaben* **machen***.*
Ich **darf** *meine Hausaufgaben* **machen***.*

4   **Schreib neue Sätze.**

Beispiel: *1 Ich muss in die Schule gehen.*

1 Ich gehe in die Schule. (müssen)

2 Ich gehe in die Disco. (dürfen)

3 Ich kaufe Süßigkeiten. (dürfen)

4 Ich decke den Tisch. (müssen)

5 Ich arbeite in den Ferien. (dürfen)

Name: _____

Flashback

It's important to give reasons and opinions, but you should always do this tactfully – especially when talking about friends and family.

Instead of:
how about:

> Meine Eltern sind nicht sehr tolerant und wir streiten uns immer.

> Ich verstehe mich nicht immer gut mit meinen Eltern.

If you argue or don't get on so well, try to give a valid reason:

> Wir verstehen uns gut/nicht gut, weil …

> Wir streiten uns immer/oft/nie, weil …

Try to balance negative statements by finding something positive to say:

> Aber meine Mutter hört gern meine CDs.

> Aber mein Vater und ich spielen zusammen Tennis.

Finally, always feel free to give an opinion – just do it with tact:

> Das finde ich gut/sehr gut/nicht gut!

1 Wie ist deine Familie? Wie versteht ihr euch? Schreib Sätze.

Beispiel:

Meine Oma ist sehr lieb.
Wir verstehen uns gut, weil sie sehr geduldig ist.
Mein Vater ist streng.
Wir streiten uns, weil ich mein Zimmer nie aufräume. Aber er ist sehr lustig.

Flashback

Separable verbs have a prefix such as *auf*, *ein* or *aus*. In the infinitive, the prefix comes at the beginning of the word, for example **auf**machen (to open), **ein**schlafen (to fall asleep), **aus**gehen (to go out). When used in a clause or sentence in the present tense, the prefix goes to the end:

*Ich mache die Tür **auf**.* — I open the door.
*Ich schlafe **ein**.* — I fall asleep.
*Ich gehe abends **aus**.* — I go out in the evenings.

2 Schreib Sätze mit den Verben.

Beispiel: 1 Ich räume auf.

1 aufräumen	6 fernsehen
2 anziehen	7 ausziehen
3 aufstehen	8 einkaufen
4 abfahren	9 mitmachen
5 ankommen	10 abwaschen

zu klein	zu kurz
zu groß	zu eng
zu lang	zu teuer

Name: _____

Was hast du gekauft?	What have you bought?	eine blaue Hose/Jeans	blue trousers/jeans
Ich habe zwei/drei ...	I've bought two/	eine rosa/lila Mütze	a pink/lilac cap/hat
gekauft.	three ...	eine rote Krawatte/	a red tie/tights
Blusen	blouses	Strumpfhose	
Hemden	shirts	ein weißes Hemd/Kleid	a white shirt/dress
Hosen	pairs of trousers	ein gelbes Sweatshirt/	a yellow sweatshirt/
Jacken	jackets	T-Shirt	T-shirt
Jeans	pairs of jeans	braune/schwarze Schuhe	brown/black shoes
Mützen	caps/hats		
Pullover	pullovers	Was trägst du gern?	What do you like wearing?
Röcke	skirts	Was trägst du nicht gern?	What don't you like
Rucksäcke	rucksacks		wearing?
Schuhe	pairs of shoes	Was trägst du am	What do you most like
T-Shirts	T-shirts	liebsten?	wearing?
		Ich trage (nicht) gern Röcke.	I (don't) like wearing skirts.
Wie gefällt dir ... ?	How do you like ... ?	Ich trage lieber Hosen.	I prefer to wear trousers.
dieser Rock	this skirt	Ich trage am liebsten	I like wearing sweatshirts
diese Jacke	this jacket	Sweatshirts.	best.
dieses Hemd	this shirt		
Wie gefallen dir diese	How do you like these	Wie findest du deine	What do you think of your
Schuhe?	shoes?	Uniform?	uniform?
		Wie gefällt dir deine	How do you like your
Er gefällt mir gut.	I like it.	Uniform?	uniform?
Sie gefällt mir sehr gut.	I like it a lot.	Ich trage nicht gern eine	I don't like wearing school
Es gefällt mir nicht so gut.	I don't like it very much.	Schuluniform.	uniform.
Sie gefallen mir gar nicht.	I don't like them at all.	Meine Uniform gefällt	I like my uniform.
		mir gut.	
Welcher Rock gefällt dir?	Which skirt do you like?	Meine Uniform gefällt	I don't like my uniform
Welche Jacke ... ?	Which jacket ...?	mir nicht so gut.	very much.
Welches Hemd ...?	Which shirt ...?	Meine Uniform gefällt	I don't like my uniform
Welche Schuhe gefallen dir?	Which shoes do you like?	mir gar nicht.	at all.
		Ich finde meine Uniform	I think my uniform is nice.
Er/Sie/Es ist ...	It's ...	schön.	
zu eng	too tight	Meine Uniform ist ...	My uniform is ...
zu groß	too big	altmodisch	old-fashioned
zu klein	too small	bequem	comfortable
zu kurz	too short	gut	good
zu lang	too long	hässlich	horrible
zu teuer	too expensive	modern	modern
		praktisch	practical
blau/braun/gelb/grau/	blue/brown/yellow/grey/	schrecklich	terrible
grün/lila	green/lilac	unbequem	uncomfortable
orange/rosa/rot/	orange/pink/red/		
schwarz/weiß	black/white	Meine Uniform ist gut,	My uniform is good
		weil sie praktisch ist.	because it's practical.
Was trägst du zur Schule?	What do you wear to school?	Meine Uniform ist	My uniform is bad because
Ich trage ...	I wear ...	schlecht, weil sie	it's uncomfortable.
einen grünen Pullover	a green pullover	unbequem ist.	
einen schwarzen Rock	a black skirt		
eine weiße Bluse/Jacke	a white blouse/jacket		

Name: _____

1 🔊 Was haben sie gekauft? Hör gut zu und finde die passenden Bilder.

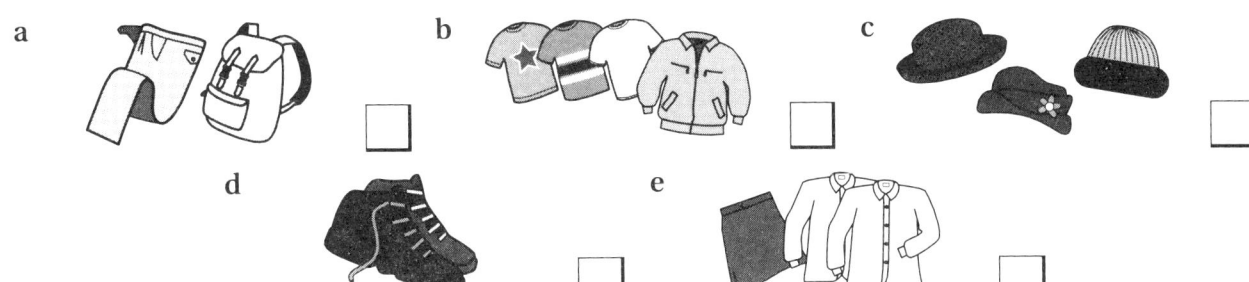

a   b   c   d   e

2 🔊 Hör gut zu und kreuz die passenden Bilder an.

1a   b   2a   b

3a   b   4a   b

5a   b   6a   b

3 🔊 Sechs deutsche Schüler und Schülerinnen besuchen eine englische Schule. Wie finden sie die Schuluniform? Hör gut zu und finde die passenden Wörter.

> hässlich   bequem
> praktisch   altmodisch
> schön   teuer

1 **Jürgen**   2 **Beate**   3 **Johanna**

4 **Anna**   5 **Jakob**   6 **Markus**

Partner/Partnerin A

1a Wähle ein Bild (a–d). Dein Partner/deine Partnerin stellt Fragen. Beantworte die Fragen.

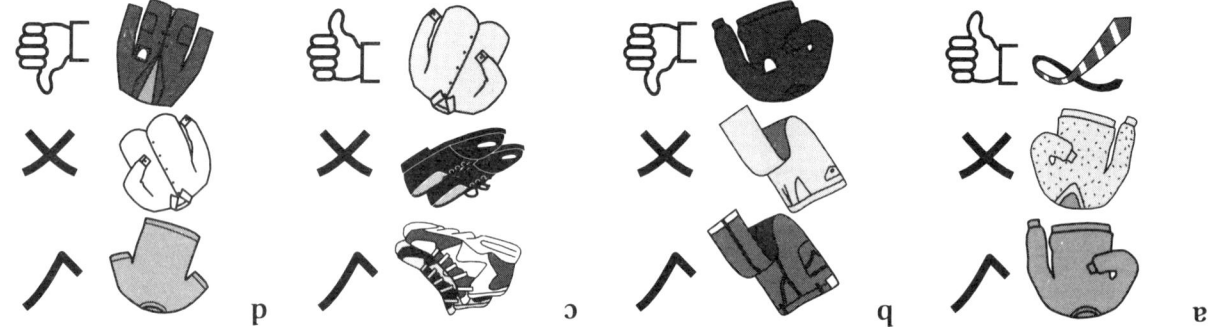

a   b   c   d

1b Stell die Fragen unten. Dein Partner/deine Partnerin antwortet.
Finde das passende Bild (a–d) in Übung 1a.

- Was trägst du am liebsten?
- Was trägst du nicht gern?
- Was trägst du zur Schule.
- Wie findest du das?

2 Du bist dran! Macht weitere Dialoge mit den Fragen in Übung 1b.

Partner/Partnerin B

1a Stell die Fragen unten. Dein Partner/deine Partnerin antwortet.
Finde das passende Bild (a–d) in Übung 1b.

- Was trägst du am liebsten?
- Was trägst du nicht gern?
- Was trägst du zur Schule.
- Wie findest du das?

1b Wähle ein Bild (a–d). Dein Partner/deine Partnerin stellt Fragen. Beantworte die Fragen.

a   b   c   d

2 Du bist dran! Macht weitere Dialoge mit den Fragen in Übung 1a.

Name: _____

1 Wer spricht? Finde die passenden Bilder für die Sprechblasen.

1 ⟨ Ich trage am liebsten Miniröcke. ⟩ ☐   2 ⟨ Ich trage nicht gern Krawatten. ⟩ ☐

3 ⟨ Ich trage sehr gern Jeans und eine Jeansjacke. ⟩ ☐

4 ⟨ Ich finde Turnschuhe sehr bequem. ⟩ ☐   5 ⟨ Ich finde Strumpfhosen altmodisch. ⟩ ☐

a   b   c   d   e

2 Lies dieses Interview mit Sabine Schön. Sind die Sätze unten richtig oder falsch?

Interview mit Sabine Schön – 14-jähriger Star der Hit-Serie ‚Schulstress'

★ *In deiner Rolle in ‚Schulstress' trägst du immer tolle Kleidung. Findest du Mode auch toll?*
Sabine: Ja. Ich trage gern schöne Kleidung – das macht Spaß! Und ich gehe auch sehr gern einkaufen.

★ *Was hast du in den letzten Wochen gekauft?*
Sabine: Ich habe drei T-Shirts, eine Jeansjacke und neue Schuhe gekauft. Ich habe viele, viele Schuhe zu Hause!

★ *Was ist deine Lieblingsfarbe?*
Sabine: Blau! Ich habe blaue Sweatshirts, blaue T-Shirts, blaue Socken, blaue Schuhe!

★ *Was trägst du zur Schule?*
Sabine: Ich habe keine Schuluniform. Ich trage am liebsten Jeans und ein Sweatshirt oder ein T-Shirt und eine Jacke. Ich trage nicht gern Röcke. Sie sind zu unpraktisch und Strumpfhosen im Winter sind so hässlich und unbequem.

★ *Vielen Dank für das Interview!*
Sabine: Nichts zu danken!

	Richtig	Falsch
1 Sabine trägt gern schöne Kleidung.		
2 Sie findet Mode langweilig.		
3 Sie kauft oft neue Schuhe.		
4 Sie trägt am liebsten braune Kleidung.		
5 Sie trägt keine Uniform zur Schule.		
6 Sie findet Strumpfhosen sehr bequem.		

Name: _____

1 Kreuzworträtsel. Schreib
die passenden Wörter auf.

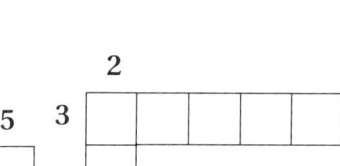

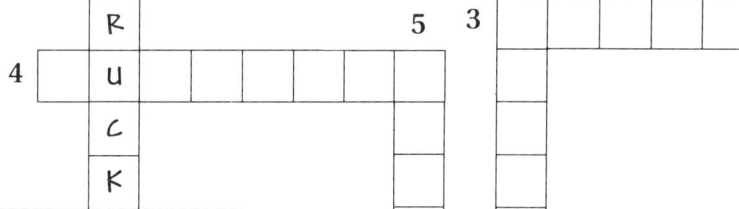

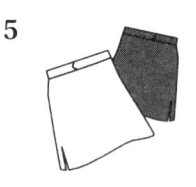

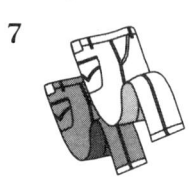

R U C K S Ä C K E

2 Was tragen sie zur Schule? Schreib Sätze.

Beispiel: **1** *Ich trage einen Rock, eine Bluse, …*

3 Beantworte diese Fragen. Schreib Sätze.

1 Was trägst du am liebsten?   3 Was trägst du zur Schule?

2 Was trägst du nicht gern?   4 Wie findest du deine Schulkleidung?

Name: _____

Flashback

There are lots of different plural forms in German. You can record new plurals in the following ways.

| der Rock/die Röcke | der Rock (¨e) |

Remember that in the plural *der*, *die* and *das* all change to the plural form *die*:

der Rucksack → *die Rucksäcke*
die Hose → *die Hosen*
das Hemd → *die Hemden*

Similar words often take similar plurals. Look out for patterns and learn them:

die Bluse → *die Blusen*
die Jacke → *die Jacken*
der Rock → *die Röcke*
der Rucksack → *die Rucksäcke*

If you don't know the plural of a word or if you want to check it, you can turn to the German section of your dictionary.

Here are some typical dictionary entries:

| Rock *m* -[e]s, Röcke skirt |

| Jacke *f* -, **-n** jacket, coat |

| T-Shirt *nt* -s, **-s** T-shirt, teeshirt |

Notice how the plural form comes immediately before the English meaning and how you know whether or not to add an umlaut. In longer nouns, the umlaut always goes on the last vowel of the singular form:

der Rucksack → *die Rucksäcke*

---

1 Ⓦ▣ **Finde den Plural für die Wörter unten.**

das Buch → die B**ü**ch**er**   das Tuch → _____

das Taschentuch → _____

die Mütze → die Mütze**n**   die Katze → _____

die Kerze → _____

die Übung → die Übung**en**   die Quittung → _____

die Wohnung → _____

der Tisch → die Tisch**e**   der Fisch → _____

der Haifisch → _____

2 Ⓦ▣ **Schau in deinem Wörterbuch nach und finde den Plural für diese Wörter.**

Beispiel: 1 die Hand – die Hände

1 die Hand   5 der Zahn

2 das Bein   6 der Zeh

3 der Arm   7 das Ohr

4 das Auge   8 der Fuß

Name: _____

Flashback

dieser (this/that) and *welcher* (which) are known as demonstrative adjectives. They take the place of *der*, *die*, *das* and the plural *die* and carry endings which tell you whether the noun which follows is masculine, feminine, neuter or plural:

m.	d**er** Rock	dies**er** Rock	welch**er** Rock?
f.	di**e** Bluse	dies**e** Bluse	welch**e** Bluse?
n.	da**s** Hemd	dies**es** Hemd	welch**es** Hemd?
pl.	di**e** Schuhe	dies**e** Schuhe	welch**e** Schuhe?

1 **Füll die Lücken aus.**

1 Das T-Shirt ist sehr billig.
Dies_____ T-Shirt?
Nein, dies_____ T-Shirt.

2 Der Pullover ist schön.
Welch_____ Pullover?
Dies_____ Pullover!

3 Die Schuhe hier gefallen mir gut.
Welch_____ Schuhe? Dies_____ ?
Nein! Dies_____ Schuhe hier.

4 Die Mütze kostet 30 Euro!
Welch_____ Mütze?
Dies_____ Mütze.

5 Die Jeansjacke ist zu klein.
Welch _____ Jacke?
Dies_____ Jacke hier.

Flashback

Remember that adjective endings change according to gender and case. Here are the accusative endings for use after the indefinite article:

m.	ein Rock	Ich kaufe **einen** Rock.	Ich kaufe **einen** braun**en** Rock.
f.	eine Bluse	Ich kaufe **eine** Bluse.	Ich kaufe **eine** weiß**e** Bluse.
n.	ein Hemd	Ich kaufe **ein** Hemd.	Ich kaufe **ein** blau**es** Hemd.

2 **Füll die Lücken aus.**

1 Ich kaufe eine klein_____ Mütze.

2 Ich kaufe einen schwarz_____ Rock.

3 Sie kauft ein neu_____ T-Shirt.

4 Wir haben eine schön_____ Schuluniform.

5 Er trägt eine neu_____ Jacke.

6 Ich trage einen grün_____ Pullover.

Name: _____

Flashback

When writing a piece of German, it is important to learn how to draft and redraft a text.

A computer can help, especially if it has a spell check in German.

Once you have got your first ideas down on paper or on screen, check carefully through the language using a checklist:

Checklist
- spellings
- punctuation
- word order
- gender
- cases
- adjective endings
- verb endings

Flashback

- When listening for specific details, read the questions and look for any visual clues (photos, illustrations, etc.) before you listen to the text.

- Listen first time round for the general gist, including tone and expression, and note down any key words or information.

- Listen again and answer any questions set. Look out for the question words: *wann?* (when?), *was?* (what?), *warum?* (why?), *wer?* (who?), *wie?* (how?), *wo?* (where?), *wohin?* (where to?), etc.

2a Lies die Fragen und schau das Foto an.

1 Wie alt ist Alexander?

2 Wie sieht er aus?

3 Hat er Geschwister?

4 Was macht er gern in seiner Freizeit?

5 Was trägt er gern?

1a Schreib einen kurzen Text auf Deutsch ohne Hilfe. Beantworte die Fragen:

- Wie heißt du und wie alt bist du?
- Wo wohnst du?
- Wie siehst du aus?
- Was trägst du?

1b Schau die Checkliste oben an und überprüfe deinen Text. Schreib eine Liste der Fehler und verbessere dann den Text.

_____

_____

_____

_____

2b 🔊 Hör gut zu und notiere Schlüsselwörter.

2c 🔊 Hör noch einmal zu und beantworte die Fragen.

Name: _____

Wann hast du Geburtstag?	When is your birthday?
Ich habe am ... Geburtstag.	My birthday's on ...
Mein Geburtstag ist am ersten Januar.	My birthday's on 1st January.
zweiten/dritten/vierten	2nd/3rd/4th
fünften/sechsten	5th/6th
siebten/achten/neunten	7th/8th/9th
zehnten/elften	10th/11th
zwölften/dreizehnten	12th/13th
zwanzigsten	20th
einundzwanzigsten	21st
dreißigsten	30th
einunddreißigsten	31st
Wann ist ... ?	When is ... ?
Fasching/Karneval	Carnival
Ostern/Heiligabend	Easter/Christmas Eve
Nikolaustag	St. Nicholas's day
Silvester	New Year's Eve
Diwali/Id-ul-Fitr	Divali/Id-ul-Fitr
Ich mache eine Party.	I'm having a party.
Ich mache am Sonntag eine Faschingsfete.	I'm having a carnival party on Sunday.
Wir machen am Wochenende ein Picknick.	We're having a picnic at the weekend.
Meine Schule macht am Freitag ein Schulfest.	There's a party at my school on Friday.
Wann? Um ... Uhr.	When? At ... o'clock.
Wo? Zu Hause.	Where? At home.
im Garten/Partykeller	in the garden/party room
in der Schule/Disco	at school/the disco
im Schwimmbad/Wohnzimmer	in the swimming pool/living room
Kommst du?	Are you coming?
Vielen Dank für die Einladung.	Thank you very much for the invitation.
Ich komme gern.	I'd love to come.
Ich kann leider nicht kommen.	I'm afraid I can't come.
Ich muss ...	I've got to ...
im Garten arbeiten.	work in the garden.
Hausaufgaben machen.	do homework.

zu Hause helfen.	help at home.
Zeitungen austragen.	deliver newspapers.
Ich muss mein Zimmer aufräumen.	I must tidy up my room.
Du musst den Partykeller/das Wohnzimmer aufräumen.	You must tidy up the party room/the living room.
Wo ist/sind ... ?	Where is/are ... ?
der Kassettenrecorder	the cassette recorder
der Apfelsaft	the apple juice
der CD-Spieler	the CD player
die CDs/Luftballons	the CDs/balloons
die Würstchen	the sausages
Er/Sie/Es ist .../Sie sind ...	He/She/It is .../They are ...
auf/neben/unter ...	on/next to/under ...
dem Fernseher/Kleiderschrank/Tisch	the television/wardrobe/table
Schreibtisch/Stuhl.	desk/chair.
der Lampe.	the lamp.
dem Regal/Sofa.	the shelf/sofa.
den CDs/Büchern.	the CDs/books.
im Kleiderschrank/Schreibtisch.	in the wardrobe/writing desk.
Wie war ... ?	How was ... ?
die Party/Fete	the party
das Fest/Picknick	the party/picnic
Es war toll/super/langweilig.	It was great/excellent/boring.
Was hast du zum Geburtstag bekommen?	What did you get for your birthday?
Ich habe ... bekommen.	I got ...
einen Gutschein	a gift token
eine CD	a CD
ein Computerspiel	a computer game
ein Handy	a mobile phone
Geld/Make-up	money/make-up
Schmuck	jewellery
Was hast du gemacht?	What did you do?
Ich habe/Wir haben ...	I/We ...
Würstchen gegessen.	ate sausages.
Apfelsaft getrunken.	drank apple juice.
Anna gesehen/getroffen.	saw/met Anna.
mit Frank getanzt.	danced with Frank.
Gitarre gespielt.	played the guitar.

Name: _____

1a 🔲 Wann haben sie Geburtstag? Hör gut zu und mach Kreise um die passenden Monate in Übung 1b.

1b 🔲 Hör noch einmal zu und füll die Lücken aus.

1   Christian hat am _____ 2. _____ März/(Mai) Geburtstag.

2   Maria hat am _____ Dezember/November Geburtstag.

3   Steffi hat am _____ Juni/Juli Geburtstag.

4   Torsten hat am _____ April/August Geburtstag.

5   Claudia hat am _____ Januar/Februar Geburtstag.

6   Peter hat am _____ September/Oktober Geburtstag.

2 🔲 Wann und wo ist die Party? Hör gut zu und finde die passenden Informationen.

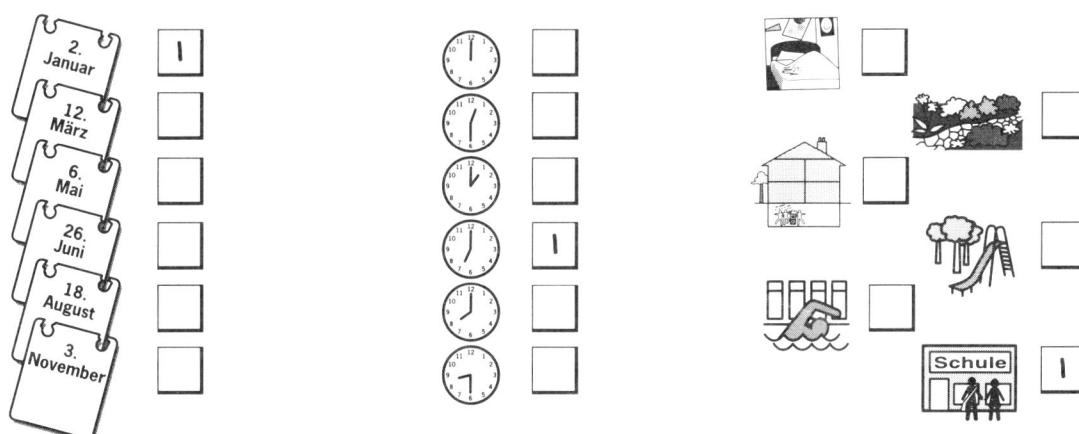

3 🔲 Hör gut zu und kreuz die passenden Bilder an.

1a   2a   3a   4a   5a

b   b   b   b   b

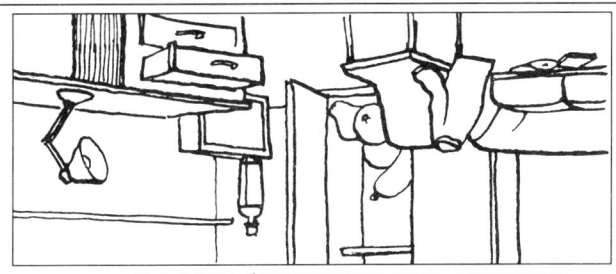

(Partner/Partnerin A — upside-down section)

Partner/Partnerin A

1a Stell die Frage: „Wann hast du Geburtstag?" für die Schüler 1–4. Dein Partner/deine Partnerin antwortet. Schreib die Antworten auf.

Beispiel:

A Wann hast du Geburtstag, Sara?

B Ich habe am zweiten April Geburtstag.

1 Sara [ ]   2 Werner [ ]

3 Sandra [ ]   4 Olaf [ ]

1b Dein Partner/deine Partnerin fragt: „Wann hast du Geburtstag?" Antworte für die Schüler 5–8 mit den Informationen unten.

5 Claudia [3. 2.]   6 Andreas [5. 12.]

7 Ute [22. 11.]   8 Daniel [15. 1.]

2a Frag deinen Partner/deine Partnerin: „Wo ist/sind … ?" Ergänze das Bild in Übung 2b.

2b Dein Partner/deine Partnerin stellt Fragen. Antworte mit den Informationen im Bild unten. Brauchst du Hilfe? Sieh Lehrbuch, Seite 65.

Beispiel:

A Wo ist der Kassettenrecorder?

B Der Kassettenrecorder ist im Schreibtisch.

Partner/Partnerin B

1a Dein Partner/deine Partnerin fragt: „Wann hast du Geburtstag?" Antworte für die Schüler 1–4 mit den Informationen unten.

Beispiel:

A Wann hast du Geburtstag, Sara?

B Ich habe am zweiten April Geburtstag.

1 Sara [2. 4.]   2 Werner [12. 10.]

3 Sandra [24. 9.]   4 Olaf [16. 5.]

1b Stell die Frage: „Wann hast du Geburtstag?" für die Schüler 5–8. Dein Partner/deine Partnerin antwortet. Schreib die Antworten auf.

5 Claudia [ ]   6 Andreas [ ]

7 Ute [ ]   8 Daniel [ ]

2a Dein Partner/deine Partnerin stellt Fragen. Antworte mit den Informationen im Bild unten. Brauchst du Hilfe? Sieh Lehrbuch, Seite 65.

Beispiel:

A Wo ist der Kassettenrecorder?

B Der Kassettenrecorder ist im Schreibtisch.

2b Frag deinen Partner/deine Partnerin: „Wo ist/sind … ?" Ergänze das Bild in Übung 2a.

  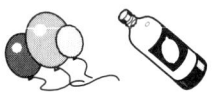

Name: _____

1   Finde die passenden Antworten für die Fragen.

1 Wann hast du Geburtstag?	☐	a Sie war super!
2 Kommst du?	☐	b Ja, gern.
3 Wann?	☐	c Ich habe Chips gegessen.
4 Wie war die Party?	☐	d Ein Buch und Schmuck.
5 Was hast du gegessen?	☐	e Ich habe getanzt.
6 Wo?	☐	f Am Samstagabend.
7 Was hast du gemacht?	☐	g Apfelsaft und Limonade.
8 Was hast du zum Geburtstag bekommen?	☐	h Am vierten Mai.
9 Was hast du getrunken?	☐	i Im Partykeller.

2   Finde die passenden Bilder für die Einladungen.

1
KARNEVAL!
Wir feiern!
Wer feiert mit?
Wann: Montag, 20. Februar, 11:00
Wo: In der Stadtmitte
Eintritt frei!
☐

2
Wir laden ein!
SILVESTERPARTY
Am 31. Dezember um 21:00
Im Partykeller
Eichenstraße 23b
Einen guten Rutsch ins Neue Jahr
wünschen euch
Anja und Bernd
☐

3
Liebe Verena!
Ich mache eine
GEBURTSTAGSPARTY!
Wann:
Am 21. Juli um 14:00
Wo: Keltenstraße 4a
Im Garten
Deine Lara
☐

4
Einladung
Das Goethe-Gymnasium
macht ein Schulfest!

Am Samstag, dem 11.4.
In der Schule
Kirchstraße 12

Eintritt: 4 Euro
☐

5
Kinder!
Der Osterhase macht
eine Party!
Wo? Im Langeck-Park
Wann? Am Samstag, dem 14.4.,
gegen Mittag
Viel Spaß!
☐

6
Wir machen
eine Grillparty
Wann: Am Samstag, dem 6. August
Von 11:00 bis 16:00
Wo: Hammerstraße 25b
(Im Garten)
Bitte bring eigene Würstchen
zum Grillen mit!
☐

a 
b 
c 
d 
e 
f

Name: _____

1   **Schreib die Sätze richtig auf.**

1 | komme | , | Ja | gern | ich | . |

2 | am | Ich | Geburtstag | habe | Samstag | . |

3 | die | Wo | Party | ist | ? |

4 | Schulfest | Freitag | ein | Schule | Meine | macht | am | . |

5 | leider | Ich | nicht | kann | kommen | . |

6 | mache | Party | Ich | eine | . |

7 | Einladung | Dank | für | Vielen | die | . |

8 | Wochenende | machen | Picknick | am | ein | Wir | . |

2   **Lies Tanjas E-Mail und schau Monikas Partyfotos an. Schreib einen Antwortbrief an Tanja.**

Liebe Monika!

Alles Gute zum Geburtstag!

Was hast du bekommen?
Wie war die Party?
Hast du einige Fotos gemacht?

Schreib bald wieder!

Deine Tanja

Beispiel:

Köln, den 28. August

Liebe Tanja!

Vielen Dank für deine E-Mail.

Mein Geburtstag war toll! Hier sind die Fotos!

Name: _____

Flashback

When you are talking about where something **is** or **is happening**, the German word *in* is followed by the dative case.

m.	**der** Partykeller	Thomas ist **im** Partykeller. (in + dem)
f.	**die** Schule	Das Fest ist **in der** Schule.
n.	**das** Zimmer	Die Luftballons sind **im** Zimmer. (in + dem)

Notice how *in dem* is shortened to *im*!

1 Ergänze die Sätze mit *im* oder *in der*.

1 Die Party ist _____ Schwimmbad (*n.*).

2 Meine Oma wohnt _____ Dorf (*n.*).

3 Ich wohne _____ Stadt (*f.*).

4 Die Kinder spielen _____ Garten (*m.*).

5 Sie wohnt _____ Wohnung (*f.*).

6 Er wohnt _____ Bungalow (*m.*).

Flashback

Words which tell you the position of something or someone are called prepositions and are often followed by the dative case. These words include *auf*, *in*, *neben* and *unter*.

m.	**der** CD-Spieler	Die CDs sind auf **dem** CD-Spieler.
f.	**die** Lampe	Der Computer ist neben **der** Lampe.
n.	**das** Regal	Die Limonade ist auf **dem** Regal.
pl.	**die** Bücher	Der Kassettenrecorder ist neben **den** Büchern.

Notice how a **plural noun** adds an *-n* in the dative unless it already ends in 'n'.

2a Füll die Lücken aus.

1 Die Limonade ist auf _____ Tisch (*m.*).

2 Der Kassettenrecorder ist neben _____ Computer (*m.*).

3 Die Würstchen sind unter _____ Sofa (*n.*).

4 Die Chips sind auf _____ Regal (*n.*).

5 Das Fest ist in _____ Schule (*f.*).

6 Der Apfelsaft ist unter _____ Stuhl (*m.*).

2b Schau das Bild an. Schreib Sätze für die Bilder a–i. Brauchst du Hilfe? Sieh Lehrbuch, Seite 64–65.

Beispiel:

a Die Limonade ist neben dem Computer.

Name: _____

Flashback

When starting a letter, you don't write out your full address followed by the date as you would in English. In German, you write only the name of the town or village from which you are writing, followed by the date and a full stop after the number. Notice also how you use *den* for the date:

Köln, den 15. Juli

Lieber Ralf!/Liebe Kathi!

Vielen Dank für deinen Brief! Wie geht's?...

1 **Wie beginnt man diese Briefe?**

1 Am ersten Mai in Hannover.

2 Am sechzehnten Juni in München.

3 Am dritten März in London.

4 Am vierundzwanzigsten November in Paris.

5 Am dreißigsten Juli in Mannheim.

6 Am zwölften August in Berlin.

Flashback

When carrying out role-play exercises:

- Think about exactly what you want to say before you speak.
- Remember to speak clearly and make sure you can be heard properly.
- Don't be afraid to get into character and enjoy it!
- If you make a mistake, don't panic! Just keep going!
- Remember the phrases *Wie bitte?* and *Noch einmal, bitte?* if you need help.
- Build up your stock of useful phrases. Here are some useful ones:

Ich weiß (nicht).	I (don't) know.
Es kann schon sein.	It could well be.
Das denke ich auch.	I think so too.
Stimmt!	I agree!

2a  Schaut den Dialog im Lehrbuch, Seite 62, Übung 1a an. Schaut dann die Einladung unten an und macht einen Dialog.

★ ★ ★ ★

Ich habe am 12. August (Freitag) Geburtstag!

Ich mache um 21 Uhr eine Party.

Adresse: Kirchstraße 23 (Partykeller)

★ ★ ★ ★

2b  Tauscht die Rollen.

2c  Spielt den Dialog der Klasse vor!

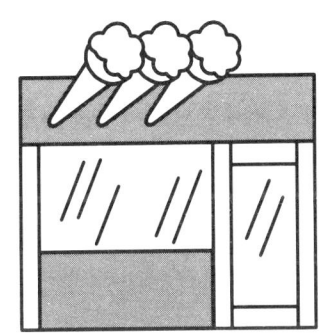

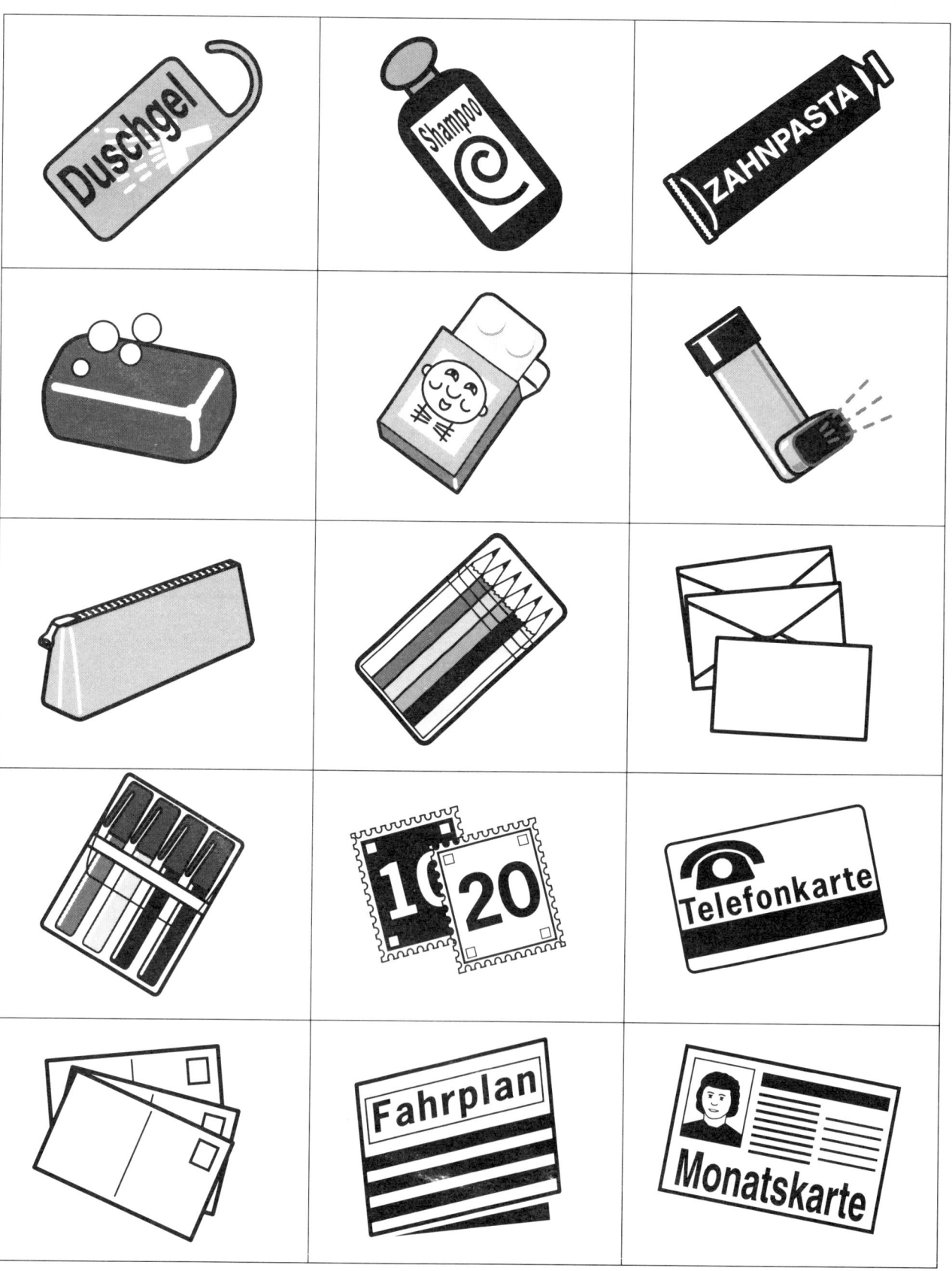

Name: _____

Man kann/Wir können ... gehen.	*One/We can go to ...*
Ich will/Wir wollen ... gehen.	*I/We want to go to ...*
zur Eisbahn	*the ice rink*
in die Eisdiele	*the ice-cream parlour*
ins Café	*the café*
ins Fastfood-Restaurant	*the fastfood restaurant*
ins Freizeitzentrum	*the leisure centre*
ins Jugendzentrum	*the youth club*
ins Kino	*the cinema*
ins Museum	*the museum*
ins Popkonzert	*the pop concert*
ins Schwimmbad	*the swimming pool*
ins Theater	*the theatre*
Man kann/Wir können ...	*One/We can ...*
Ich will/Wir wollen ...	*I/We want to ...*
einen Einkaufs-bummel machen.	*go on a shopping trip.*
ein Picknick machen.	*have a picnic.*
Wo treffen wir uns?	*Where shall we meet?*
Wir treffen uns ...	*We're meeting ...*
im Bahnhof	*in the station*
in der Imbissstube	*in the snack bar*
im Café	*in the café*
Treffen wir uns am/neben/vor ... ?	*Shall we meet at/next to/in front of ... ?*
dem Bahnhof/Markt	*the railway station/market*
der Bushaltestelle/Eisbahn/Eisdiele	*bus stop/ice rink/ice-cream parlour*
dem Café	*the café*
Was brauchst du?	*What do you need?*
Ich brauche ...	*I need ...*
einen Fahrplan	*a timetable*
einen Füller	*a fountain pen*
eine Federmappe	*a pencil case*
eine Monatskarte	*a season ticket*
eine Telefonkarte	*a phone card*
Asthmaspray	*asthma spray*
Briefmarken	*stamps*

Buntstifte	*coloured pencils*
Duschgel	*shower gel*
Filzstifte	*felt-tip pens*
Halstabletten	*throat sweets*
Make-up	*make-up*
Postkarten	*postcards*
Seife	*soap*
Shampoo	*shampoo*
Umschläge	*envelopes*
Zahnpasta	*toothpaste*
Ich habe keinen/keine/kein/keine ...	*I don't have any ...*
Ich muss/Du musst/Wir müssen ... gehen.	*I/You/We must/have to go to ...*
zum Busbahnhof	*the bus station*
zum Schreibwarenladen	*to the stationery shop*
zur Apotheke	*to the chemist's*
zur Drogerie	*to the drugstore*
zur Post	*to the post office*
Kann ich dir/Ihnen helfen?	*Can I help you?*
Das tut mir Leid.	*I'm sorry to hear that.*
Ich habe ... verloren.	*I have lost ...*
meinen Fotoapparat	*my camera*
meinen Füller	*my fountain pen*
meinen Koffer	*my suitcase*
meinen Rucksack	*my rucksack*
meinen Schirm	*my umbrella*
meine Brieftasche	*my wallet*
meine Geldbörse	*my purse*
meine Schultasche	*my school bag*
meine Tasche	*my bag*
meine Uhr	*my watch*
mein Buch	*my book*
mein T-Shirt	*my T-shirt*
Wie sieht er/sie/es aus?	*What is it like?*
Er/Sie/Es ist ...	*It is ...*
blau/braun/gelb/gold/grau/grün	*blue/brown/yellow/gold/grey/green*
lila/orange/rosa/rot/schwarz/silber/weiß	*lilac/orange/pink/red/black/silver/white*
aus Leder/aus Plastik/aus Stoff	*made of leather/plastic/fabric*

Name: _____

1 🔊 Hör gut zu und verbinde die passenden Bilder.

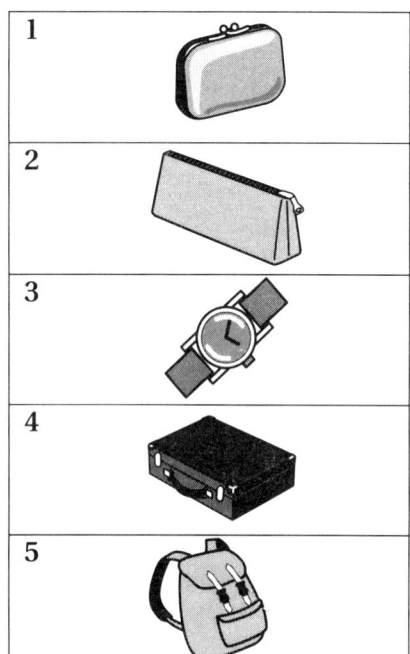 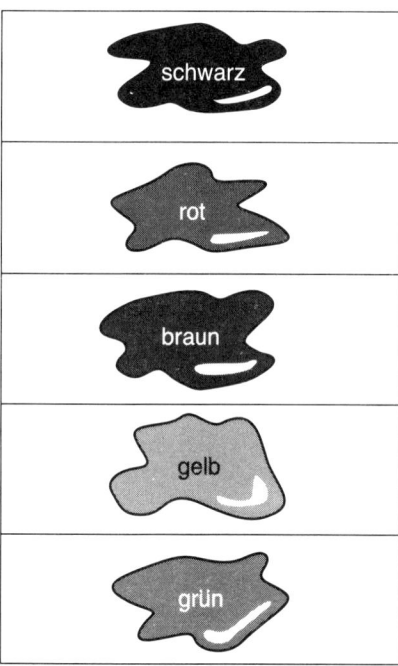 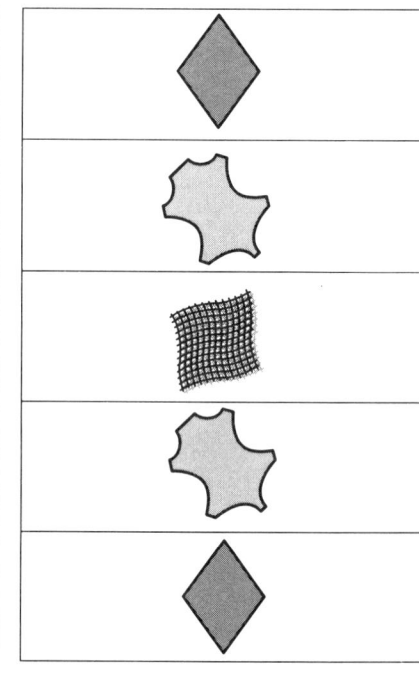

2a 🔊 Wohin gehen Peter und Jana? Hör gut zu und schreib zwei Listen.

Peter _____   Jana _____

_____   _____

_____   _____

2b 🔊 Hör noch einmal gut zu. Was sagen Peter und Jana? Füll die Kästchen aus.

| Ich habe ein… = H   Ich brauche ein… = B   Ich habe kein… = K |

Peter   **Jana**

Partner/Partnerin A

1a Dein Partner/deine Partnerin stellt Fragen. Beantworte die Fragen.

Beispiel:

B *Was hast du verloren?*

A *Ich habe meine Uhr verloren.*

B *Wie sieht sie aus?*

A *Sie ist blau und aus Plastik.*

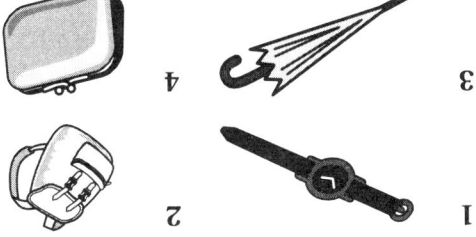

1 2 3 4

1b Stell die Fragen unten. Dein Partner/deine Partnerin antwortet.

- Was hast du verloren?
- Wie sieht er/sie/es aus?

2a Dein Partner/deine Partnerin fragt: „Was willst du machen?" und „Wo treffen wir uns?" Beantworte die Fragen.

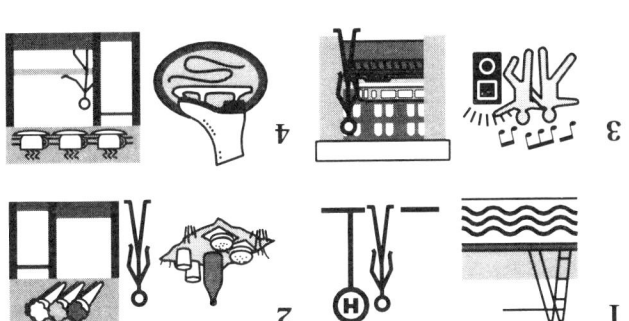

1 2 3 4

2b Stell die Fragen unten. Dein Partner/deine Partnerin antwortet.

- Was willst du machen?
- Wo treffen wir uns?

Partner/Partnerin B

1a Stell die Fragen unten. Dein Partner/deine Partnerin antwortet.

- Was hast du verloren?
- Wie sieht er/sie/es aus?

Beispiel:

B Was hast du verloren?

A Ich habe meine Uhr verloren.

B Wie sieht sie aus?

A Sie ist blau und aus Plastik.

1b Dein Partner/deine Partnerin stellt Fragen. Beantworte die Fragen.

1  2

3  4

2a Stell die Fragen unten. Dein Partner/deine Partnerin antwortet.

- Was willst du machen?
- Wo treffen wir uns?

2b Dein Partner/deine Partnerin fragt: „Was willst du machen?" und „Wo treffen wir uns?" Beantworte die Fragen.

1  2

3  4

Name: _____

1 Was brauchen sie? Finde die passenden Bilder.

Chan
> Ich habe keine Zahnpasta und ich brauche neue Filzstifte. Ich brauche auch eine Postkarte und ich habe keine Umschläge.

a

b

Anke
> Ich brauche Seife und eine neue Federmappe. Ich habe keine Briefmarken und auch keine Buntstifte.

c

Gerd
> Ich brauche Duschgel und ich habe keinen Füller. Ich habe auch keine Briefmarken und ich brauche Umschläge.

2 Eine Stadttour von Küchl. Lies den Text und finde die richtige Reihenfolge für die Bilder.

Komm nach Küchl! Küchl – die schöne Stadt in Süddeutschland!

- Was für Sport kann man in Küchl machen?

Man kann hier viel Sport machen. Wir haben ein neues Freizeitzentrum. Dort kann man Tennis, Badminton, Fußball usw. spielen. Es gibt auch ein großes Schwimmbad. Man kann im Schwimmbad von Montag bis Sonntag von 8.00 bis 20.00 Uhr schwimmen.

- Und Kultur in Küchl?

Man kann ins Kino gehen. Dort kann man acht Filme pro Tag sehen.
Hören Sie gern Musik? Es gibt jede Woche Popkonzerte im Theater oder man kann auch ins Jugendzentrum gehen. Das ist besonders gut für junge Leute von 11 bis 18 Jahre und ist kostenlos.

- Und das Essen in Küchl?

Man kann ins Fastfood-Restaurant oder ins Café gehen. Wir haben in Küchl auch eine Eisdiele. Das Schokoladeneis ist besonders gut!

Willkommen in Küchl – viel Spaß!

a

b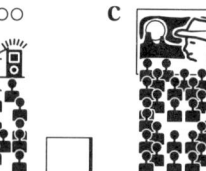

c

d

e

f

g

h

i

Name: _____

1   Sara schreibt eine E-Mail an ihre Freundinnen. Lies den Text und die Fragen.
Kreuz die richtigen Antworten an.

Hallo, ihr alle!

Mein Geburtstag ist am Freitag und ich will in der Stadt feiern!

Ich will am Freitagabend ausgehen – nicht am Samstag oder Sonntag. Am Wochenende
habe ich keine Zeit: Ich habe zu viele Hausaufgaben.

Aber was können wir machen und wo treffen wir uns? Hast du eine Idee?
Hier sind meine Ideen:

1) Wir treffen uns vor der Post und dann können wir zur Eisbahn gehen.

2) Oder wir treffen uns am Markt – dann können wir ins Popkonzert gehen. Meine
    Schwester Helena hat immer Hunger und will auch in die Eisdiele gehen!!!

3) Wir treffen uns am Busbahnhof – mein Freund Udo will ins Freizeitzentrum und
    dann ins Café gehen.

4) Ich will auch ins Kino und dann später ins Fastfood-Restaurant gehen. Also, wir
    können uns vor dem Kino treffen.

Aber was ist die beste Idee? Was wollt ihr machen? Bitte schreibt bald wieder!

Sara

---

1   Wann feiert Sara ihren Geburtstag?

   a am Samstag ☐

   b am Freitag ☐

   c am Sonntag ☐

2   Was will Sara am Wochenende machen?

   a eine Party ☐

   b ihren Geburtstag feiern ☐

   c ihre Hausaufgaben ☐

3   Sie treffen sich vor der Post.
   Wohin gehen sie dann?

   a zur Eisbahn ☐

   b zur Post ☐

   c ins Popkonzert ☐

4   Wer will in die Eisdiele gehen?

   a Udo ☐

   b Sara ☐

   c Helena ☐

5   Was will Udo nach dem Freizeitzentrum
   machen?

   a sich am Busbahnhof treffen ☐

   b in die Eisdiele gehen ☐

   c ins Café gehen ☐

6   Sie gehen ins Kino. Wo treffen sie sich?

   a neben dem Kino ☐

   b vor dem Kino ☐

   c im Kino ☐

7   Was müssen die Freundinnen machen?

   a eine E-Mail schreiben ☐

   b eine Party machen ☐

   c eine E-Mail lesen ☐

Name: _____

1 Was kann man in Wesel machen? Schreib die Wörter richtig auf.

1 Man kann ins RFENURMTZETIEZI gehen. _____

2 Man kann ins TOFODASF-RSTEATRANU gehen. _____

3 Man kann zur ESHNBIA gehen. _____

4 Man kann ins FACÉ gehen. _____

5 Man kann einen KAUNFSEIBMMUEL machen. _____

6 Man kann in die ATDST gehen. _____

2 Was brauchen sie und wohin müssen sie gehen? Schreib die Sätze auf.

3 Du bist auf Urlaub in Deutschland und willst deinen Freund/deine Freundin einladen. Schreib eine Einladung:

• Ich will ...    • Wir treffen uns um ...

• Wir treffen uns ...    • Was willst du machen?

Name: _____

Flashback

können and *wollen* are modal verbs. They send the main verb to the end of the sentence in its infinitive form.

1   **Schreib diese Sätze auf Deutsch.**

1 One can go to the cinema.   4 I want to go to the swimming pool.

2 We can go to the disco.   5 We can go on a shopping trip.

3 We want to go to town.   6 I want to go to the leisure centre.

1 _____ _____ ins Kino

   _____ .

4 _____ _____ ins Schwimmbad

   _____ .

2 _____ _____ in die Disco

   _____ .

5 _____ _____ einen Einkaufsbummel

   _____ .

3 _____ _____ in die Stadt

   _____ .

6 _____ _____ ins Freizeitzentrum

   _____ .

Flashback

an (at) and *vor* (in front of) are two new prepositions. They take the dative case, so don't forget to change the article from nominative to dative. Remember that *an* + *dem* becomes *am*:

m.   **der** Bahnhof   →   **am/vor dem** Bahnhof

f.   **die** Eisdiele   →   **an der/vor der** Eisdiele

n.   **das** Kino   →   **am/vor dem** Kino

2   **Schreib Sätze auf Deutsch.**

Beispiel: **1** *Treffen wir uns am Bahnhof.*

1	2	3	4	5	6

an	vor	an	vor	an	an

Name: _____

Flashback

The preposition *in* can be used with either the accusative or the dative, but the meanings are different:

in + accusative indicates movement: *Ich gehe **in die** Eisdiele.*
I'm going into the ice-cream parlour.

in + dative tells us where something or somebody is: *Ich bin **in der** Eisdiele.*
I'm in the ice-cream parlour.

1   **Finde die passenden Wörter.**

   1 Er geht im / (ins) Schwimmbad.

   2 Er ist ins / im Kino.

   3 Er geht in die / in der Schule.

   4 Er geht in dem / in den Bahnhof.

   5 Er ist ins / im Café.

   6 Er ist in der / in die Eisdiele.

Flashback

The word *mein* (my) is a possessive adjective: it is used with a noun to show whom the noun belongs to. Remember that the endings change according to gender and case:

	Maskulinum	Femininum	Neutrum	Plural
Nominativ	mein	meine	mein	meine
Akkusativ	meinen	meine	mein	meine

2   **Füll die Lücken aus.**

   1 Ich habe _____ Uhr verloren.

   2 Ich kann _____ Rucksack nicht finden.

   3 Ich habe _____ T-Shirt verloren.

   4 Ich kann _____ Schirm nicht finden.

   5 Ich muss _____ Geldbörse finden.

   6 Ich habe _____ Buch verloren.

Name: _____

You can greatly add to the variety of your written German by using words or phrases in different contexts.

eine neue Uhr

Ich habe eine neue Uhr.
Ich muss eine neue Uhr kaufen.
Hilfe, ich habe meine neue Uhr verloren!

Simple changes can also adapt texts to change them from being positive to negative or from happy to sad, etc. For example:

*Ich habe **schöne lange** Haare.*
*Ich habe **keine** Haare.*

1 Jetzt bist du dran! Schreib so viele Sätze wie möglich mit:

eine schwarze Katze   Briefmarken

Shampoo   die Schule

Beispiel:

Ich habe eine schwarze Katze.

Wo ist meine schwarze Katze?

Wie heißt deine schwarze Katze?

2a Lies die Texte von Frau Neumann und Herrn Althaus.

Ich habe schöne lange Haare und ich trage Ohrringe. Ich habe eine Tasche und in der Tasche habe ich einen Schirm und ein T-Shirt. Ich habe auch Shampoo und Seife, aber ich brauche Zahnpasta.

Ich habe keine Haare und ich trage einen Ohrring. Ich brauche eine neue Tasche und ich habe meinen Schirm verloren. Ich brauche ein T-Shirt. Ich habe kein Shampoo und auch keine Seife, aber ich brauche keine Zahnpasta.

2b Was sind die Unterschiede zwischen Frau Neumann und Herrn Althaus? Schreib eine Liste.

Beispiel:

Frau Neumann hat schöne lange Haare –
Herr Althaus hat keine Haare.

3 Du bist dran! Beschreib Frau Maus und Herrn Sicher.

Beispiel:

Frau Maus hat kurze blonde Haare ...

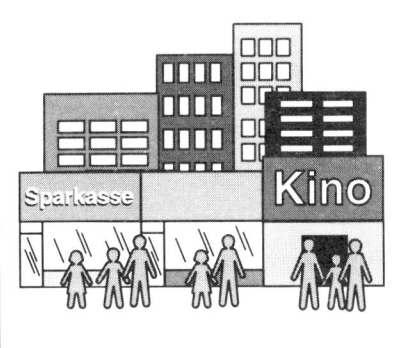

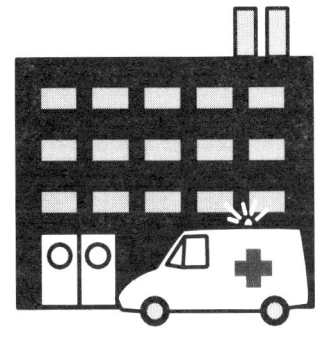

Name: _____

Ich wohne (nicht) gern in der Stadt.	I (don't) like living in the town.
Es gibt ...	There is/are ...
einen schönen Park	a lovely park
einen neuen Zoo	a new zoo
eine Tankstelle/Bank	a petrol station/bank
eine kleine Sparkasse	a small savings bank
ein Hotel/ein großes Einkaufszentrum	a hotel/a big shopping centre
ein neues Krankenhaus	a new hospital
ein modernes Fußballstadion	a modern football stadium
alte Gebäude	old buildings
viele Geschäfte	lots of shops
Es gibt ...	There is/are ...
zu viele Autos	too many cars
zu viel Lärm/Verkehr	too much noise/traffic
keine Natur	no countryside
zu viel Umweltver-schmutzung	too much environmental pollution
Ich wohne gern hier, weil es ...	I like living here because ...
viel zu tun gibt.	there's lots to do.
viele Geschäfte/ alte Gebäude gibt.	there are lots of shops/old buildings.
ein großes Kino gibt.	there's a big cinema.
Ich wohne nicht gern hier, weil es ...	I don't like living here because ...
viel Verkehr/viele Autos/viel Lärm gibt.	there's a lot of traffic/cars/noise.
Umweltverschmutzung/ keine Natur gibt.	there's pollution/ no countryside.
Ich wohne (nicht) gern auf dem Land.	I (don't) like living in the country.
Es gibt viele ...	There are lots of ...
Bäume/Blumen	trees/flowers
Seen/Vögel	lakes/birds
Frösche/Igel	frogs/hedgehogs
Schmetterlinge	butterflies
Schnecken	snails
Eichhörnchen	squirrels
Ich wohne (nicht) gern/ lieber hier, weil ...	I (don't) like/prefer living here because ...
es sehr ruhig ist.	it's very quiet.

es viel Natur/viele Tiere gibt.	there's lots of countryside/wildlife.
es keinen Lärm/ keinen Verkehr gibt.	there's no noise/ traffic.
es keine Umweltver-schmutzung gibt.	there's no pollution of the environment.
es keine Disco/kein Jugendzentrum gibt.	there's no disco/ youth centre.
es keine Autos/kein Kino gibt.	there are no cars/ there is no cinema.
es langweilig ist.	it's boring.
der Lärm/der Müll	noise/rubbish
der Verkehr/der Wald	traffic/forest
die Erde/die Luft	earth/air
das Wasser	water
die Fabriken	factories
die Kraftwerke	power stations
die Pestizide	pesticides
die Tiere	animals
die Zigaretten	cigarettes
Das ist umweltfreundlich/ umweltfeindlich.	That's environmentally friendly/damaging to the environment.
Was ist das größte Problem?	What is the biggest problem?
Ich finde/glaube/denke, ...	I think/believe ...
ist/sind das größte Problem.	is/are the biggest problem.
ist am schlimmsten.	is the worst.
ist gefährlicher als ...	is more dangerous than ...
Ich nehme Plastiktüten/ Tüten aus Stoff.	I use plastic bags/bags made out of fabric.
Ich fahre mit dem Auto.	I travel by car.
Ich fahre mit dem Rad.	I go by bike.
Ich gehe immer zu Fuß.	I always walk.
Ich trenne meinen Müll (nicht).	I (don't) separate my rubbish.
Ich bade jeden Tag.	I have a bath every day.
Ich dusche jeden Morgen.	I shower every morning.
Ich kaufe Cola in Dosen.	I buy cola in cans.
Ich kaufe Recyclingpapier.	I buy recycling paper.
Ich bringe Altpapier zum Altpapiercontainer.	I take used paper to the paper recycling bin.
Ich bringe Flaschen zum Altglascontainer.	I take bottles to the bottle bank.

Name: _____

1a 🔊 **Was ist das? Hör gut zu und finde die richtige Reihenfolge für die Wörter.**

Bäume ☐   Kino ☐

Disco ☐   Verkehr ☐

Freizeitzentrum ☐   Vögel ☐

Frösche ☐   Wasser ☐

1b 🔊 **Ist man in der Stadt oder auf dem Land? Hör noch einmal zu und schreib die Nummern auf.**

Man ist in der Stadt: __1 ..._____

Man ist auf dem Land: _____

2 🔊 **Wohnen sie gern oder nicht gern in der Stadt? Warum (nicht)? Hör gut zu und finde die passenden Bilder.**

a ☐

b ☐

c ☐

d ☐

e ☐

f ☐

3 🔊 **Martin ist sehr umweltfreundlich! Was macht er? Hör gut zu und kreuz die passenden Bilder an.**

1a ☐

2a ☐

3a ☐

4a ☐

5a ☐

b ☐

b ☐

b ☐

b ☐

b ☐

The following content is printed upside-down (Partner/Partnerin A section):

Partner/Partnerin A

1a Frag deinen Partner/deine Partnerin:

- Wohnst du gern in der Stadt?
- Warum (nicht)?
- Wohnst du gern auf dem Land?
- Warum (nicht)?

1b Dein Partner/deine Partnerin fragt.
Du antwortest.

Beispiel:

B Wohnst du gern in der Stadt?
A Ja.
B Warum?
A Weil es ... gibt.

2a Frag deinen Partner/deine Partnerin:
„Was machst du für die Umwelt?"

2b Dein Partner/deine Partnerin fragt. Du
antwortest.

Partner/Partnerin B

1a Dein Partner/deine Partnerin fragt.
Du antwortest.

Beispiel:

A Wohnst du gern in der Stadt?
B Nein.
A Warum?
B Weil es ... gibt.

1b Frag deinen Partner/deine Partnerin:

- Wohnst du gern in der Stadt?
- Warum (nicht)?
- Wohnst du gern auf dem Land?
- Warum (nicht)?

2a Dein Partner/deine Partnerin fragt. Du
antwortest.

2b Frag deinen Partner/deine Partnerin:
„Was machst du für die Umwelt?"

Name: _____

1 Wer sagt was? Finde die passenden Bilder für die Sätze.

a

b

1 Ich wohne nicht gern in der Stadt, weil es viel Verkehr gibt. ☐

2 Ich wohne gern hier, weil es viel zu tun gibt. ☐

c

d

3 Ich wohne gern in der Stadt, weil es ein großes Einkaufszentrum gibt. ☐

4 Ich wohne nicht gern hier, weil es keine Natur gibt. ☐

e

f

Kino

5 Ich wohne gern in der Stadt, weil es hier einen interessanten Zoo gibt. ☐

6 Ich wohne nicht gern in der Stadt, weil es viel Umweltverschmutzung gibt. ☐

2 Lies den Artikel. Sind die Sätze richtig oder falsch?

Anja ist fünfzehn. Sie wohnt in Köln am Stadtrand und findet die Umwelt sehr interessant.

• *Was machst du für die Umwelt?*

„Ich fahre oft Rad oder gehe zu Fuß", sagt Anja. „Und ich fahre nur selten mit dem Auto. Jede Woche trenne ich den Müll für meine Familie und ich bringe Flaschen zum Altglascontainer. Ich kaufe nur Recyclingpapier und ich nehme nie Plastiktüten zum Einkaufen."

• *Wie findest du deine Stadt?*

„Es gibt viele Probleme in meiner Stadt – Verkehr, Lärm und Müll zum Beispiel. Aber die Stadt kann auch schön sein. Hier gibt es den Kölner Dom, ein schönes Einkaufszentrum und auch einen sehr interessanten Zoo."

• *Ist die Natur auch interessant für dich?*

„Ja. Meine Oma wohnt in einem kleinen Dorf auf dem Land und ich wohne auch gern dort in den Ferien. Die Bäume und Blumen sind alle sehr schön und die Tiere auch. Aber am liebsten wohne ich hier in der Stadt. Dort wohnen alle meine Freunde und es gibt immer sehr viel zu tun. Hier ist immer etwas los – und das finde ich super!"

	Richtig	Falsch
1 Anja wohnt auf dem Land.		
2 Sie fährt oft mit dem Auto.		
3 Sie trennt ihren Müll nicht.		
4 Sie nimmt keine Plastiktüten.		
5 Sie wohnt lieber auf dem Land.		
6 Sie wohnt gern in der Stadt, weil es viel zu tun gibt.		

Name: _____

1 Schreib die Wörter richtig auf und finde die passenden Bilder.

1 HÄFGESCTE _____ s

2 SDIALOTFLANUßB _____

3 ASPRKSSAE _____

4 AUSNKRNHAKE _____

5 TEHLO _____

6 INKSZEFTRUMNEAU _____

7 EEBÄUGD _____

8 ANKLLTSTEE _____

a  b  c

d  e  f

g  h

2 Schau die Bilder und Wörter an und schreib Sätze.

Beispiel:

a Es gibt ein großes Fußballstadion.

| modern | alt | klein |
| schön | groß | interessant |

a  b  c

d  e  f

3 Was sagen sie? Schreib Sprechblasen.

Beispiel: a Ich wohne gern in der Stadt, weil es ein Jugendzentrum gibt.

a  b  c

d  e  f

Name: ______________________

Flashback

When you are talking about what there is in a town or village, you use *es gibt* followed by the **accusative** case. Remember that adjective endings change according to the gender and case of the noun they describe.

Accusative case:

m.	Es gibt ein**en** schön**en** Park.
f.	Es gibt eine schön**e** Stadt.
n.	Es gibt ein schön**es** Museum.
pl.	Es gibt schön**e** Geschäfte.

1 Füll die Lücken aus.

tollen **schönes** **neues** **großen** **interessantes** **alte**

Es gibt ein sehr ______________
Museum, einen ______________
Dom, ein ______________
Fußballstadion, einen ______________
Zoo, viele ______________ Gebäude
und ein ______________ Café!

Flashback

The German word *weil* (because) sends the verb to the end of the sentence or clause:

*Es **ist** langweilig.* → *Ich wohne nicht gern hier, **weil** es langweilig **ist**.*

2 Verbinde die Sätze mit *weil.*

1 Ich wohne gern in der Stadt. Es gibt viel zu tun.
2 Ich wohne gern hier. Es gibt viele Geschäfte.
3 Ich wohne gern in meiner Stadt. Es gibt ein großes Fußballstadion.
4 Ich wohne nicht gern in der Stadt. Es gibt viel Verkehr.
5 Ich wohne nicht gern hier. Es gibt zu viel Lärm.
6 Ich wohne nicht gern in meiner Stadt. Es gibt viel Umweltverschmutzung.

1 Ich wohne gern in der Stadt, weil es viel zu tun gibt.
2 ______________________________
3 ______________________________
4 ______________________________
5 ______________________________
6 ______________________________

Name: _____

Flashback

When you want to compare one thing with another in German, you use the **comparative** form of the adjective.

klein	→ *klein**er als***	*Blumen sind klein**er als** Bäume.*
schlimm	→ *schlimm**er als***	*Müll ist schlimm**er als** Lärm.*
groß	→ *größ**er als***	*Igel sind größ**er als** Schnecken.*

Note: Sometimes you also need to add an umlaut in the comparative form.

To use the **superlative** form, add *am* before the adjective and *-(s)ten* to the adjective itself.

klein	→ ***am** klein**sten***	*Schmetterlinge sind **am** klein**sten**.*
schlimm	→ ***am** schlimm**sten***	*Umweltverschmutzung ist **am** schlimm**sten**.*
groß	→ ***am** größ**ten***	*Eichhörnchen sind **am** größ**ten**.*

Note: Again, some adjectives add an umlaut in the superlative form:

groß	→ *am gr**ö**ßten*
alt	→ *am **ä**ltesten*

Comparative and superlative adjectives can also be used before a noun, when they take the usual endings:

*Verkehr ist **das größte** Problem.*
*Kraftwerke sind **das größte** Problem.*

1 Ergänze die Sätze.

1 Lärm ist schlimm, aber Müll ist am _____*schlimmsten*_____ . (schlimm)

2 Kraftwerke sind _____ als Fabriken. (gefährlich)

3 Das _____ Problem ist Umweltverschmutzung. (groß)

4 Zigaretten sind _____ als Lärm. (schlecht)

5 Bäume sind schön, aber Blumen sind am _____ . (schön)

6 Menschen sind _____ als Tiere. (umweltfeindlich)

7 Das _____ Problem ist der Verkehr. (schlimm)

8 Es ist _____ auf dem Land als in der Stadt. (ruhig)

Name: _____

Flashback

When writing a summary, you need to:
- work out what the important points are that need to be included
- leave out unnecessary detail
- use one word or phrase to replace several
- use your own words as much as possible
- make sure the final version reads well.

1a Lies den Brief.

Lieber Andreas!

Wie geht's? Wie gefällt dir dein neues Haus auf dem Land? Ist es schön dort?

Ich wohne nicht gern hier in der Stadt. Es gibt immer so viel Lärm und Müll und Verkehr hier. Ist es schön ruhig auf dem Land? Und es gibt hier keine Natur – nur den Park.

Aber du schreibst, es gibt im Dorf nicht viel zu tun. Das muss schwer sein. Ich gehe sehr gern ins Kino und auch ins Freizeitzentrum. Und ich finde die Stadt nie langweilig, weil es meine ganze Familie und meine Freunde hier gibt. Also – das Leben in der Stadt ist nicht so schlimm ...

Wann kommst du wieder zu Besuch?

Bis bald!

Dein Thomas

1b Was sind die Schlüsselwörter? Schreib eine Liste.

1c Schreib eine kurze Zusammenfassung (nicht mehr als 50 Wörter).

1d Hier sind einige Schlüsselwörter aus Andreas' Brief. Was hat Andreas an Thomas geschrieben?

- neues Haus im Dorf
- Bäume/Blumen/Tiere
- keine Umweltverschmutzung
- nicht viel zu tun
- kein Jugendzentrum/Kino
- keine neuen Freunde
- wohnt lieber in der Stadt

Flashback

If you want to give your opinion on something, there are a number of phrases in German which can help you. If you wish to agree with something, you could use any of the following:

Richtig!	Correct!
Stimmt!	That's right!
Ja, das stimmt!	Yes, that's right!
Das finde ich auch!	That's what I think too!
Ja, klar!	Yes, OK!
Einverstanden!	Agreed!

If, on the other hand, you wish to disagree about something you may like to use some of the following:

Falsch!	Wrong/False!
Das stimmt nicht!	That's not true/so!
Das finde ich nicht!	I don't think so!
Nein, das glaube ich nicht!	No, I don't believe that!

2   Wohnt ihr gern in der Stadt? Macht Dialoge.

Beispiel:

A   *Ich wohne gern in der Stadt, weil es ruhig ist.*

B   *Nein! Das stimmt nicht! Es ist nie ruhig in der Stadt!*

Oder: Stimmt! Das finde ich auch!

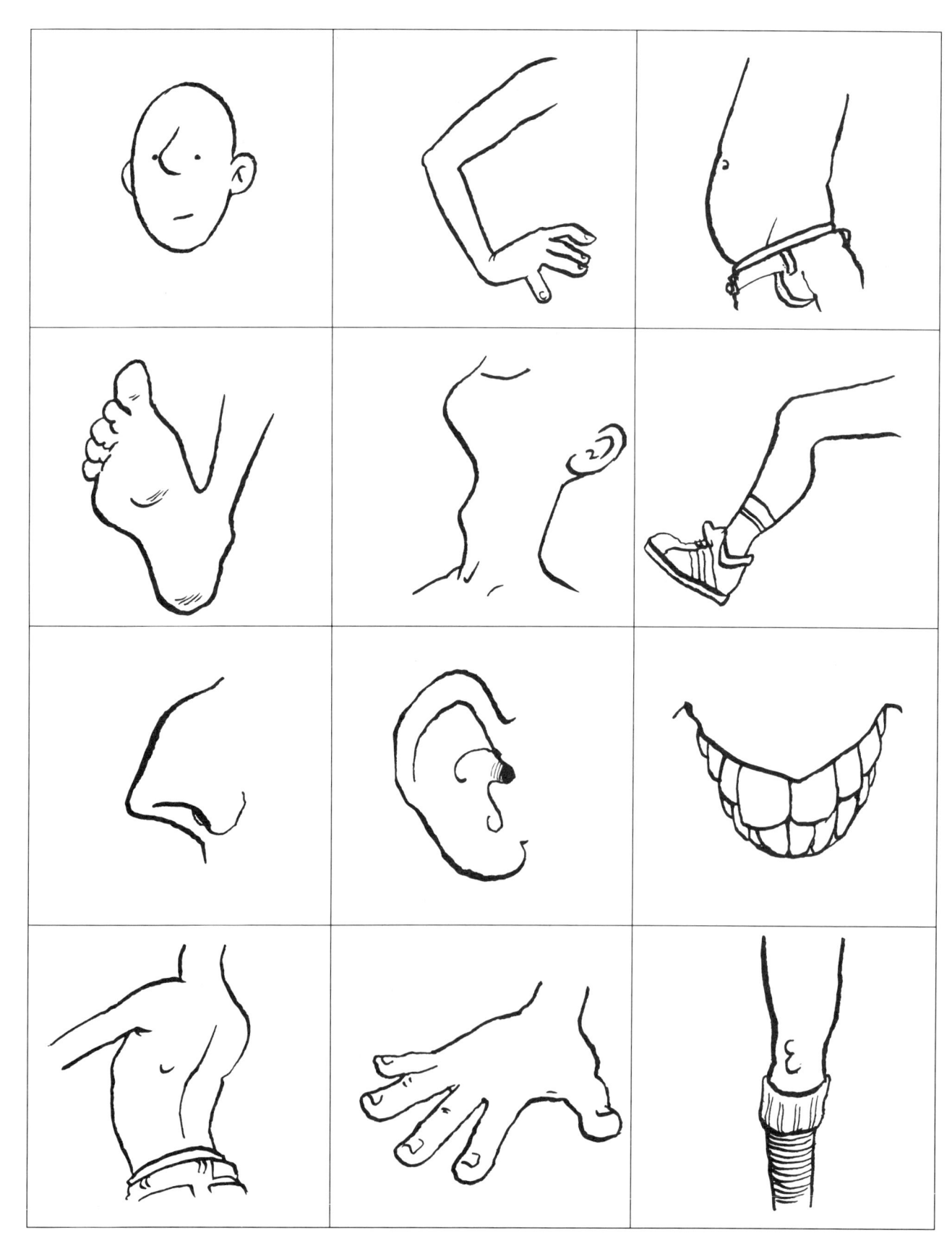

Name: _____

Was fehlt dir?	What's wrong with you?
Wo tut es weh?	Where does it hurt?
Mein ... tut weh.	My ... hurts.
Arm/Bauch	arm/stomach
Bein/Fuß/Knie	leg/foot/knee
Hals/Rücken	throat/back
Meine Hand/Nase tut weh.	My hand/nose hurts.
Meine Ohren/Zähne tun weh.	My ears/teeth hurt.
Ich habe ...	I have ...
Kopfschmerzen	a headache
Zahnschmerzen	toothache
Halsschmerzen	a sore throat
Rückenschmerzen	backache
Bauchschmerzen	stomach-ache
Ich habe/Du hast ...	I've/You've got ...
Fieber/Grippe	a temperature/flu
Heuschnupfen	hayfever
Husten/Schnupfen	a cough/a cold
Seit wann hast du Grippe?	How long have you had flu?
Ich habe seit gestern Kopfschmerzen.	I've had a headache since yesterday.
Ich habe seit einer Woche Fieber.	I've had a temperature for a week.
Mein Arm tut seit zwei Tagen weh.	My arm's been hurting for two days.
Nimm ...	Take ...
diese Tabletten/Tropfen ...	these tablets/drops ...
diese Lotion ...	this lotion ...
dieses Medikament ...	this medicine ...
... einmal/zweimal/dreimal täglich.	... once/twice/three times a day.
... vor/nach dem Essen.	... before/after a meal.
... mit Wasser.	... with water.
Ich esse jeden Tag ...	I eat ... every day.
Fastfood/Fleisch	fast food/meat
Gemüse/Obst	vegetables/fruit
Süßigkeiten	sweets
Ich trinke jeden Tag Kaffee.	I drink coffee every day.
Das ist (un)gesund.	That's (un)healthy.
Ich mache viel für meine Gesundheit.	I do a lot for my health.
Ich mache viel Sport.	I do a lot of sport.

Wie oft fährst du Rad?	How often do you go cycling?
Ich fahre jeden Tag Rad.	I cycle every day.
Wie oft spielst du Fußball?	How often do you play football?
Ich spiele zweimal pro Woche.	I play twice a week.
Seit wann fährst du Ski?	How long have you been skiing for?
Ich fahre seit zehn Jahren Ski.	I've been skiing for ten years.
Trink viel Wasser!	Drink lots of water!
Trinken Sie keinen Alkohol!	Don't drink alcohol!
Iss keine Süßigkeiten/kein Fastfood!	Don't eat sweets/fast food!
Essen Sie viel Obst und Gemüse!	Eat lots of fruit and vegetables!
Rauch/Rauchen Sie nicht!	Don't smoke!
Mach/Machen Sie viel Sport!	Do lots of sport!
Geh/Gehen Sie viel zu Fuß!	Do lots of walking!
Man soll .../Ich werde ...	One/You should .../I will ...
viel Obst und Gemüse essen.	eat lots of fruit and vegetables.
jeden Tag Obst/Salat essen.	eat fruit/salad every day.
wenig Fleisch essen.	eat little meat.
kein Fastfood essen.	eat no fast food.
keine Süßigkeiten essen.	eat no sweets.
viel Mineralwasser trinken.	drink lots of mineral water.
keine Cola trinken.	drink no cola.
nicht rauchen.	not smoke.
viel Sport treiben.	do lots of sport.
zu Fuß zur Schule gehen.	walk to school.
mit dem Rad zur Schule fahren.	cycle to school.
jeden Tag schwimmen.	swim every day.
Tennis spielen.	play tennis.

Name: _____

1 🎙 Hör gut zu und finde die passenden Bilder.

1  **a**

2  ☐

a

b

3  ☐

4  ☐

c

d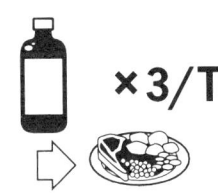

5  ☐

6  ☐

e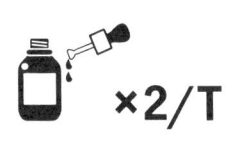

f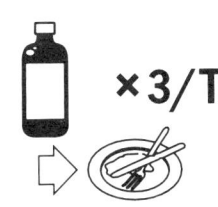

2 🎙 Was machen sie im Neuen Jahr? Hör gut zu und finde die passenden Bilder.

Markus: __h, ...__   Ralf: _____   Michael: _____

a    b    c    d

e    f    g    h    i

3 🎙 Hör gut zu. Wer ist das – Claudia oder Renate? Schreib C oder R in die Kästchen.

1 Sie macht sehr gern Sport. | C |

2 Sie tanzt sehr gern in der Disco. | ☐ |

3 Sie hat einen Hund. | ☐ |

4 Sie isst kein Fastfood. | ☐ |

5 Sie sieht gern fern. | ☐ |

6 Sie fährt gern Skateboard mit ihrem Bruder. | ☐ |

Partner/Partnerin A

1a Frag deinen Partner/deine Partnerin: „Was fehlt dir? Seit wann hast du … ?"

1b Was soll er/sie machen? Schau die Bilder an und antworte. (Sieh Lehrbuch, Seite 99, wenn du Hilfe brauchst.)

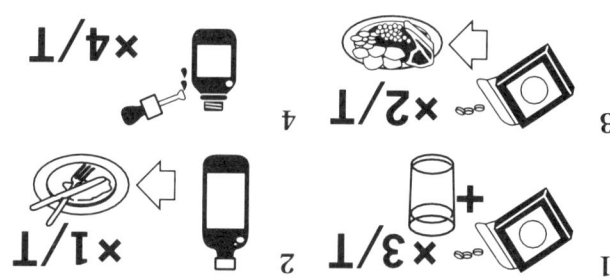

2 Dein Partner/deine Partnerin fragt: „Was fehlt dir? Seit wann hast du …?" Schau die Bilder **unten** an und antworte.

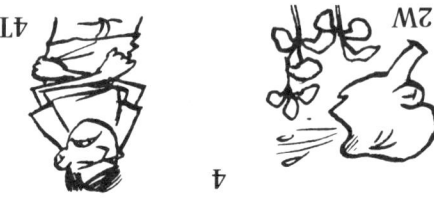

Beispiel:

A *Was fehlt dir?*

B *Ich habe Kopfschmerzen.*

A *Seit wann hast du Kopfschmerzen?*

B *Seit zwei Tagen.*

A *Nimm diese Tabletten dreimal täglich mit Wasser.*

Partner/Partnerin B

1 Dein Partner/deine Partnerin fragt: „Was fehlt dir? Seit wann hast du … ?" Schau die Bilder **unten** an und antworte.

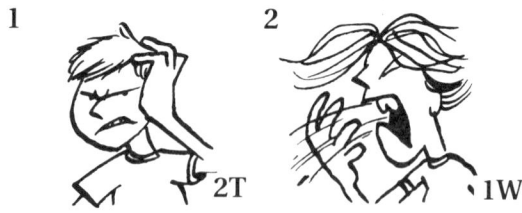

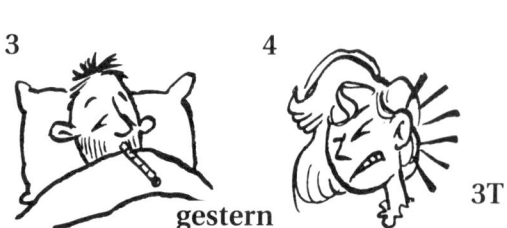
gestern

2a Frag deinen Partner/deine Partnerin: „Was fehlt dir? Seit wann hast du … ?"

2b Was soll er/sie machen? Schau die Bilder an und antworte. (Sieh Lehrbuch, Seite 99, wenn du Hilfe brauchst.)

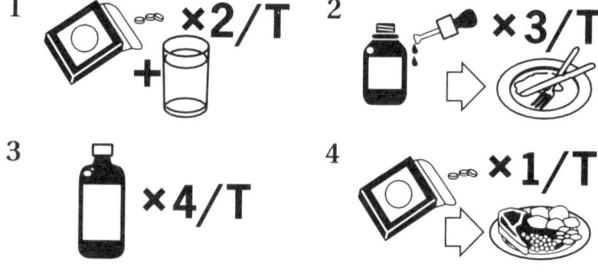

Beispiel:

B *Was fehlt dir?*

A *Ich habe Halsschmerzen.*

B *Seit wann hast du Halsschmerzen?*

A *Seit einer Woche.*

B *Nimm diese Tabletten zweimal täglich mit Wasser.*

Name: _____

1 Wo tut es weh? Finde die passenden Bilder.

1 Mein Kopf tut weh. ☐   a
2 Ich habe Bauchschmerzen. ☐   b
3 Meine Zähne tun weh. ☐   c
4 Ich habe Husten. ☐   d
5 Meine Nase tut weh. ☐   e
6 Ich habe Heuschnupfen. ☐   f

2 Finde die passenden Bilder für die Sprechblasen.

1 Ich werde keine Süßigkeiten essen. ☐   a   b
2 Ich werde keinen Alkohol trinken. ☐
3 Ich werde jeden Tag mit dem Rad fahren. ☐   c   d
4 Ich werde viel Obst und Gemüse essen. ☐
5 Ich werde keine Chips essen. ☐   e   f
6 Ich werde einmal pro Woche schwimmen gehen. ☐

3 Lies Astrids E-Mail. Sind die Sätze richtig oder falsch? Füll die Tabelle aus.

Hallo, Steffi!
Was machst du gern? Ich mache sehr gern Sport. Mein Lieblingssport ist Schwimmen und ich schwimme mindestens zweimal pro Woche. Ich spiele seit zwei Jahren Tennis und jeden Winter fahre ich Ski. Ich fahre auch sehr gern Rad – ich fahre jeden Tag mit dem Rad zur Schule. Und ich fahre auch seit drei Jahren Skateboard.
Deine Astrid

	Richtig	Falsch
1 Astrid spielt am liebsten Tennis.		
2 Sie schwimmt jede Woche.		
3 Sie spielt seit zwei Wochen Tennis.		
4 Sie fährt jedes Jahr Ski.		
5 Sie geht jeden Tag zu Fuß zur Schule.		
6 Sie fährt seit drei Jahren Rad.		

Name: _____

1 Kreuzworträtsel. Schreib die Wörter auf.

Z	
Ä	
H	
N	
E	

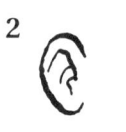   

2 Schreib die Sätze richtig auf.

1 zwei Tagen habe seit Fieber Ich .

2 dieses täglich zweimal Medikament Nimm .

3 dem Tabletten Essen Nimm diese nach .

4 tut zwei weh Mein Hals Tagen seit .

5 Grippe hast Seit wann du ?

6 seit Heuschnupfen Woche einer Ich habe .

3a Schau die Bilder an und schreib eine ‚Neujahrs-Hitparade‘.

Beispiel: *1 Ich werde mit dem Rad zur Schule fahren.*

3b Du bist dran! Schreib deine eigene ‚Neujahrs-Hitparade‘.

Name: _____

Flashback

When you want to say how long you have been doing something, you need to use the word *seit* (since/for) with the present tense:

Seit *wann hast du Fieber?*   How long have you had a temperature?
Ich habe **seit** *zwei Tagen Kopfschmerzen.*   I've had a headache for two days.
Mein Fuß tut **seit** *gestern weh.*   My foot has been hurting since yesterday.

1   **Schau die Bilder an und schreib Sätze.**

Beispiel:

1 Mein Fuß tut seit einer Woche weh.

1    2 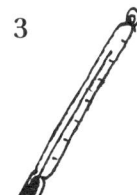   3    4    5    6

seit einer
Woche   seit gestern   seit 2 Tagen   seit 2
Wochen   seit Mittag   seit
Mittwoch

Flashback

The imperative is used for giving orders or advice.

When talking to adults or people you don't know, you use the polite form of the imperative:

Sie gehen → Gehen Sie!
Sie trinken → Trinken Sie!

When talking to family, friends or pets, you use the familiar form of the imperative:

Du gehst   → Du **geh** *st → Geh!*
Du trinkst → Du **trink** *st → Trink!*

The instructions on this worksheet use the imperative:

Schau *die Bilder an und* **schreib** *Sätze.*

2   **Schreib neue Sätze mit dem Imperativ.**

Beispiel:

1 Geh zu Fuß zur Schule!

1   Du gehst zu Fuß zur Schule.

2   Sie fahren mit dem Rad in die Stadt.

3   Du isst keinen Kuchen mehr.

4   Sie trinken keinen Alkohol.

5   Du spielst jeden Tag Tennis.

6   Sie nehmen dieses Medikament.

Name: _____

1   Das macht fit! Schreib neue Sätze mit *sollen* für das Poster.

Beispiel:

1 Ich schwimme jede Woche. → Man soll jede Woche schwimmen.

DAS MACHT FIT!

1 Ich schwimme jede Woche.

2 Ich gehe zu Fuß zur Schule.

3 Ich fahre sehr oft Rad.

4 Ich spiele oft Tennis.

5 Ich fahre jeden Winter Ski.

6 Ich mache jeden Tag Sport.

2a   Gesund im Neuen Jahr! Schreib neue Sätze mit *werden* für die Liste.

Beispiel:

1 Ich esse viele Süßigkeiten. → Ich werde keine Süßigkeiten essen.

GESUND IM NEUEN JAHR!

1 Ich esse viele Süßigkeiten. (keine)

2 Ich trinke kein Mineralwasser. (viel)

3 Ich esse oft Fastfood. (nie)

4 Ich esse viel Fleisch. (wenig)

5 Ich trinke viel Alkohol. (keinen)

6 Ich esse viele Chips. (keine)

2b   Du bist dran! Schreib deine eigenen Neujahrs-Sätze auf die Liste in Übung 2a.

Name: _____

Flashback

Long words are often made up of several shorter words joined together. Once they are broken down into individual words, it is often easier to work out their meanings.

Schulgarten	→	*Schule*	+	*Garten*	= school garden
Schulküche	→	*Schule*	+	*Küche*	= school kitchen
Schulkind	→	*Schule*	+	*Kind*	= school child

Note: Whether a word is *der*, *die* or *das* depends on the last part of the word:

Schulgarten	**der** *Garten*	→	**der** *Schulgarten*
Schulküche	**die** *Küche*	→	**die** *Schulküche*
Schulkind	**das** *Kind*	→	**das** *Schulkind*

1 ☒📖 Hier ist eine Liste von zusammengesetzten Nomen aus dem Lehrbuch, Einheiten 1–8. Finde die einzelnen Wörter für jedes Beispiel und auch die Bedeutung (*meaning*). Brauchst du Hilfe? Schau im Wörterbuch nach!

der Altglascontainer	das Altglas	+	der Container	=	bottle bank
der Brieffreund		+		=	
die Ferienwohnung		+		=	
das Freizeitzentrum		+		=	
das Fußballstadion		+		=	
die Halstablette		+		=	
das Haustier		+		=	
die Jugendherberge		+		=	
der Kartoffelsalat		+		=	
die Postkarte		+		=	
die Radiosendung		+		=	
das Schlüsselwort		+		=	
das Schulfest		+		=	
die Schuluniform		+		=	
das Taschengeld		+		=	
die Tierfreundin		+		=	
der Wetterbericht		+		=	
das Wochenende		+		=	
das Wörterbuch		+		=	

Name: _____

Flashback

Here are some basic hints to follow if you are asked to do a presentation to the rest of the class:

- Prepare your presentation thoroughly.
- Reduce what you want to say to a few key words. Have these handy in case you dry up.
- Practise by using a tape recorder.
- Make sure you have everyone's attention before speaking. A picture or object often helps and also serves as a good lead in to your presentation.
- Try to speak slowly and clearly and make sure that everyone can hear you.
- Make sure you keep to your subject and keep it brief!
- If questions are allowed at the end, make sure you are ready for these and try to anticipate what might be asked.

1 Mach Notizen zum Thema: ‚Was ich für meine Gesundheit mache'. Brauchst du Hilfe? Sieh Lehrbuch, Seite 100–105.

Beispiel:

> Essen: Kein Fastfood, viel Obst, Gemüse, wenig Fleisch, keine Süßigkeiten
> Trinken: Keine Cola, viel Mineralwasser
> Viel Sport treiben, zu Fuß zur Schule gehen, nicht rauchen, keinen Alkohol trinken

2 Schreib den Text (50 Wörter) für deine Präsentation.

Beispiel:

> Ich esse jeden Tag viel Obst und Gemüse. Das ist sehr gesund! Aber ich esse auch ziemlich viel Fastfood und Süßigkeiten! Das ist ungesund! Also, ich werde nächstes Jahr keine Süßigkeiten und kein Fastfood essen ...

3 Schreib dann Schlüsselwörter für deinen Text.

Beispiel:

> Jeden Tag: Obst + Gemüse – gesund.
> Fastfood, Süßigkeiten – ungesund – nächstes Jahr ✗

4 Übe deine Präsentation und führ sie der Klasse vor! Viel Glück!

Name: _____

Was machst du in den Sommerferien?	What are you doing in the summer holidays?
Ich werde/Er wird …	I am/He is going to …
Wir werden/Sie werden …	We/They are going to …
Ich will/Sie will …	I want/She wants to …
Wir wollen/Sie wollen …	We/They want to …
nach Paris fahren.	go to Paris.
nach Berlin fliegen.	fly to Berlin.
Rom besuchen.	visit Rome.
Urlaub in Spanien machen.	go on holiday to Spain.
einen Ausflug nach Oxford machen.	go on a trip to Oxford.
eine Radtour machen.	go on a cycling tour.
zu Hause bleiben.	stay at home.
lange schlafen.	have a lie-in.
faulenzen.	laze around.
ins Popkonzert gehen.	go to a pop concert.
ins Schwimmbad gehen.	go to the swimming pool.
Fußball spielen.	play football.
Ich werde …	I'll/I'm going to …
Hausaufgaben machen.	do homework.
um 7 Uhr aufstehen.	get up at 7 a.m.
um 20 Uhr ins Bett gehen.	go to bed at 8 p.m.
mit meinen Freunden Deutsch/ Französisch sprechen.	speak German/French with my friends.
mein Taschengeld für einen Computer sparen.	save my pocket money for a computer.
Ich werde (Briefe/E-Mails) an … schreiben.	I'll/I'm going to write (letters/e-mails) to …
meinen Brieffreund in England	my penfriend (m.) in England
meinen Austausch- schüler in Deutschland	my exchange pupil (m.) in Germany
meine Brieffreundin in Frankreich	my penfriend (f.) in France
meine Austausch- schülerin in Amerika	my exchange pupil (f.) in America
Dieses Jahr habe ich … gemacht/gelernt/ gewählt.	This year I did/learnt/ chose …

Nächstes Jahr werde ich … machen/lernen/ wählen.	Next year I'll do/learn/ choose …
einen Computerkurs	a computer course
einen Kochkurs	a cookery course
eine Theater-AG	a theatre club
eine Umwelt-AG	an environmental club
Nähen/Werken	needlework/CDT
Geige/Gitarre/Klavier	violin/guitar/piano
Basketball/Fußball	basketball/football
Tennis/Volleyball	tennis/volleyball
Was ist dein Vater/deine Mutter von Beruf?	What does your father/mother do?
Mein Vater ist Polizist.	My father is a policeman.
Meine Mutter ist Polizistin.	My mother is a policewoman.
Was möchtest du später werden?	What would you like to be when you're older?
Ich möchte Lehrer(in) werden.	I'd like to be a teacher.
Tom möchte Polizist werden.	Tom would like to be a policeman.
Ich möchte später Filmstar werden.	I'd like to be a film star when I'm older.
Du möchtest ein schönes Haus haben.	You'd like to have a lovely house.
Er/Sie möchte um die Welt reisen.	He/She would like to travel around the world.
Ich möchte gern …	I'd like to …
ein Auto haben.	have a car.
viel Geld verdienen.	earn lots of money.
eine große Wohnung kaufen.	buy a big flat.
jeden Tag im Restaurant essen.	eat in a restaurant every day.
Designermode tragen.	wear designer clothes.
viele Geschenke für meine Familie/Freunde kaufen.	buy lots of presents for my family/friends.
viele Popstars treffen.	meet lots of pop stars.
jedes Wochenende eine Party machen.	have a party every weekend.
im Ausland arbeiten.	work abroad.
im Lotto gewinnen.	win the lottery.

Name: _____

1 🔘 Was möchten sie später werden? Hör gut zu und finde die passenden Bilder.

a b c d e f g h

2 🔘 Rosa schreibt ihre ‚Neujahrs-Hitparade'. Hör gut zu und finde die richtige Reihenfolge für die Bilder.

a b c d

e f g h

i j

3 🔘 Hör gut zu und kreuz die passenden Bilder an.

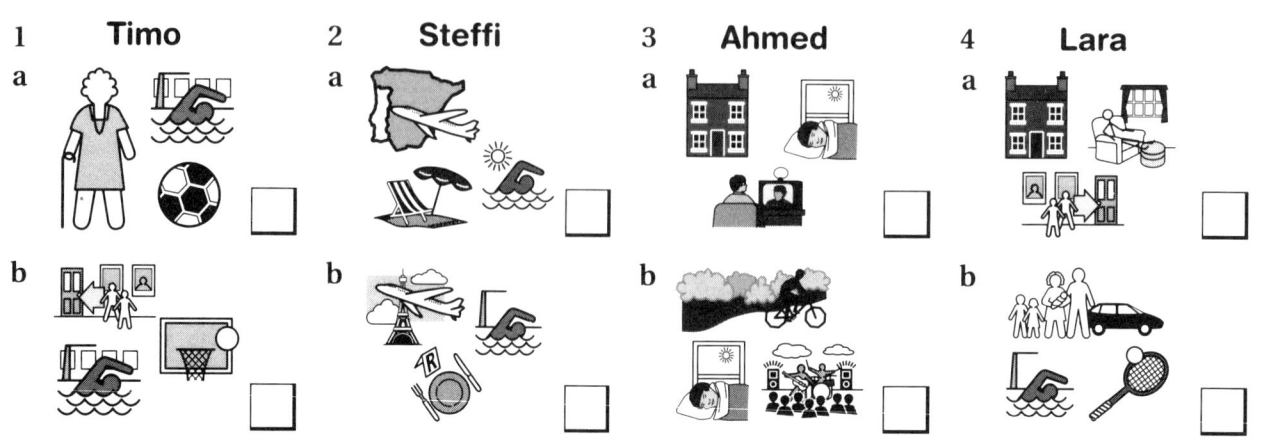

1 **Timo** 2 **Steffi** 3 **Ahmed** 4 **Lara**
a a a a

b b b b

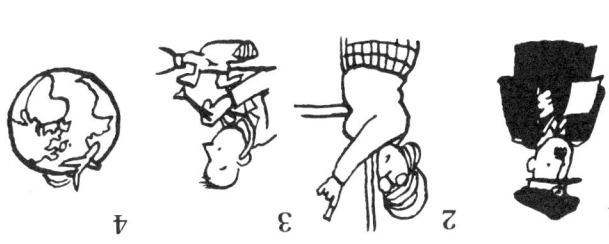

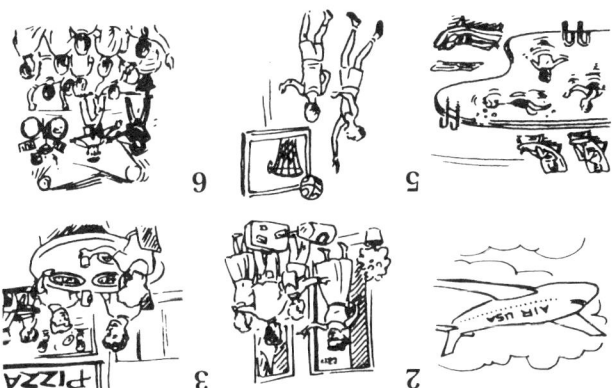

(Der obere Teil ist auf dem Kopf gedruckt / Partner A:)

Partner/Partnerin A

1a Frag deinen Partner/deine Partnerin:
„Was machst du in den Sommerferien?"

2a Frag deinen Partner/deine Partnerin:
„Was machst du in den Sommerferien?"
Mach Notizen.

1b Dein Partner/deine Partnerin fragt:
„Was machst du in den Sommerferien?"
Antworte mit den Informationen unten.

Beispiel:

Ich werde nach Amerika fliegen, ...

2b Dein Partner/deine Partnerin stellt
Fragen. Antworte mit den
Informationen unten.

1 Was ist dein Vater von Beruf?

2 Was ist deine Mutter von Beruf?

3 Was möchtest du später werden?

4 Was möchtest du später machen?

Partner/Partnerin B

1a Dein Partner/deine Partnerin fragt:
„Was machst du in den Sommerferien?"
Antworte mit den Informationen unten.

Beispiel:

Ich werde zu Hause bleiben, ...

1b Frag deinen Partner/deine Partnerin:
„Was machst du in den Sommerferien?"
Mach Notizen.

2a Dein Partner/deine Partnerin stellt
Fragen. Antworte mit den
Informationen unten.

1   2   3   4

2b Frag deinen Partner/deine Partnerin:

1 Was ist dein Vater von Beruf?

2 Was ist deine Mutter von Beruf?

3 Was möchtest du später werden?

4 Was möchtest du später machen?

Name: _____

1 Wo arbeiten sie? Finde die passenden Antworten.

1 Ein Lehrer ☐   **a** arbeitet in einem Büro.

2 Eine Sekretärin ☐   **b** arbeitet in einem Geschäft.

3 Ein Kellner ☐   **c** arbeitet in einer Schule.

4 Eine Krankenschwester ☐   **d** arbeitet in einem Restaurant.

5 Ein Verkäufer ☐   **e** arbeitet zu Hause.

6 Ein Hausmann ☐   **f** arbeitet in einem Krankenhaus.

2 Lies Mariekes E-Mail und die Tagebuchseiten. Welches Tagebuch ist Mariekes?

```
Hallo! Ich heiße Marieke und ich bin 15 Jahre alt.

Was machst du in den Sommerferien?

Ich werde zu Hause bleiben - leider! Aber am Mittwoch werde ich eine kleine
Radtour mit meiner Familie machen und am Samstag werde ich meine Oma auf dem
Land besuchen. Dort werde ich bestimmt viel Sport machen und schwimmen gehen.

Ich werde auch mit meinen Freunden ins Konzert gehen.

Bis bald!

Deine Marieke
```

1 ☐

2 ☐

So.	Faulenzen!
Mo.	07:45 – nach England fliegen!
Di.	14:00 – Tennis
Mi.	10:00 – Schwimmen
Do.	08:00 – Radtour!
Fr.	20:00 – ins Kino gehen!
Sa.	13:50 – nach Hause fliegen

So.	Faulenzen!
Mo.	08:00 – Tagesausflug nach München
Di.	15:00 – Basketball
Mi.	09:00 – Radtour
Do.	10:00 – Schwimmen
Fr.	20:00 – ins Konzert gehen!
Sa.	Oma besuchen

Name: _____

1 **Lies das Interview mit Xenia Zukunftskind und finde die passenden Antworten.**

★ Xenia, was möchtest du später werden?

– *Ich möchte Filmstar werden! Ganz klar!*

★ Was sind deine Eltern von Beruf? Arbeiten sie auch in der Filmindustrie?

– *Nein. Mein Vater ist Arzt und meine Mutter ist Lehrerin.*

★ Hast du Geschwister?

– *Nein. Ich bin Einzelkind. Aber ich habe einen Hund. Er heißt Bruno.*

★ Hast du weitere Pläne für die Zukunft?

– *Ja, sicher! Ich möchte gern ein schönes Auto und ein großes Haus haben. Und ich möchte um die Welt reisen und Designermode tragen. Und ich möchte auch viele Popstars treffen und jedes Wochenende eine Party machen! Sie können natürlich kommen!*

★ Danke für das Interview – und viel Spaß!

1 Xenia möchte ...

  a Lehrerin werden. ☐ b Filmstar werden. ☐

2 Xenias Mutter ...

  a arbeitet in der Filmindustrie. ☐ b arbeitet in einer Schule. ☐

3 Bruno ist ...

  a Einzelkind. ☐ b Xenias Haustier. ☐

4 Xenia hat ...

  a keine Eltern. ☐ b keine Geschwister. ☐

5 Sie möchte jede Woche ...

  a feiern. ☐ b faulenzen. ☐

Name: _____

1 Was machst du in den Sommerferien? Füll die Lücken aus.

1 Ich werde _____ spielen.

2 Ich werde _____ besuchen.

3 Ich werde _____ schlafen.

4 Ich werde _____ fliegen.

5 Ich werde _____ machen.

6 Ich werde _____ gehen.

> nach Amerika   Tennis
>
> ins Schwimmbad
>
> lange   eine Radtour
>
> meine Oma

2 Was möchten sie später werden? Schreib Sätze.

Beispiel:

1 Thomas möchte später Kellner werden.

3 Was möchte Heike später machen? Schreib den Brief weiter.

Hallo!

Was möchte ich später machen?

Ich möchte um die Welt reisen und ...

Name: _____

Flashback

To talk about the future tense, you use the verb *werden*: *werden* sends the main verb to the end of the sentence or clause – in its infinitive form:

*Ich **fliege** nach Berlin.*   *Ich **werde** nach Berlin **fliegen**.*

The different parts of the verb *werden* need to be learnt:

ich werde	I will
du wirst	you will
er/sie/es wird	he/she/it will
wir werden	we will
ihr werdet	you will
sie/Sie werden	they/you will

1 Schreib neue Sätze mit *werden*.

Beispiel:

1 Ich werde eine Theater-AG machen.

1 Ich mache eine Theater-AG.

2 Er geht zu Fuß zur Schule.

3 Du spielst Badminton.

4 Sie sparen für einen Kassettenrecorder.

5 Wir besuchen meine Oma.

6 Ich trage Designermode.

Flashback

The three main tenses you will be using in German are the perfect (*Perfekt*), present (*Präsens*) and future (*Futur*). These are used when you write about what you did, are doing and will/are going to do. You might find it easier to think in terms of yesterday (perfect), today (present) and tomorrow (future).

2a Was hast du gestern gemacht? Was wirst du morgen machen? Schreib Sätze.

1 Heute fahre ich nach Italien.	Gestern/Paris	Morgen/Berlin
2 Heute reise ich um die Welt.	Gestern/nach Deutschland	Morgen/nach Hause
3 Heute kaufe ich viele Geschenke.	Gestern/Obst und Gemüse	Morgen/Souvenirs
4 Heute esse ich im Restaurant.	Gestern/im Park	Morgen/im Hotel
5 Heute gehe ich ins Kino.	Gestern/ins Theater	Morgen/in die Disco
6 Heute lerne ich Gitarre.	Gestern/Geige	Morgen/Klavier

2b Übersetze dann die Sätze in Übung 2a.

Beispiel:

1 Heute fahre ich nach Italien.	*Today I'm going to Italy.*
Gestern bin ich nach Paris gefahren.	*Yesterday I went to Paris.*
Morgen werde ich nach Berlin fahren.	*Tomorrow I'll go to Berlin.*

Name: _____

Flashback

When talking about occupations in German, make sure you use the correct form – masculine or feminine.

Some just add *-in* to the masculine form to make the feminine:

Lehrer → *Lehrer**in***
Verkäufer → *Verkäufer**in***

Some use the same stem which is followed by either *-mann* or *-frau*:

*Geschäfts**mann*** → *Geschäfts**frau***
*Haus**mann*** → *Haus**frau***

For others, both the masculine and feminine forms need to be learnt, for example:

*Kranken**pfleger*** → *Kranken**schwester***.

Remember that you never need to use *ein* or *eine* with occupations: *Meine Mutter ist Lehrerin.*

1 Was sind sie von Beruf? Füll die Lücken aus.

1 Herr Müller ist Polizist.
Frau Müller ist __Polizistin__.

2 Herr Schwarz ist Lehrer.
Frau Schwarz ist _____.

3 Herr Rau ist _____.
Frau Rau ist Krankenschwester.

4 Herr Winkelmann ist Geschäftsmann.
Frau Winkelmann ist _____.

5 Herr Neuberger ist _____.
Frau Neuberger ist Ärztin.

6 Herr Schmidt ist Verkäufer.
Frau Schmidt ist _____.

7 Herr Fuchs ist _____.
Frau Fuchs ist Hausfrau.

Flashback

When you are talking in German about what you would like to **have** or **buy** you use *Ich möchte* plus a noun:

*Ich **möchte** ein Computerspiel zum Geburtstag.*
*Ich **möchte** zwei Kilo Äpfel, bitte.*

When you are talking about what you would like to **do**, you use *Ich möchte* and the main verb goes to the end of the sentence – in its infinitive form:

*Ich **möchte** nach Rom fliegen.*
*Ich **möchte** viel Geld verdienen.*

And when you are talking about what you would like to **be** or **become**, you use *Ich möchte* with *werden* at the end of the sentence:

*Ich **möchte** Popstar werden.*
*Was **möchtest** du später werden?*
*Sie **möchte** Polizistin werden.*

2 Schreib die Sätze auf Deutsch.

1 I'd like a cup of tea, please.

2 I'd like to travel around the world.

3 I'd like to go on a cycling tour.

4 I'd like to be a filmstar.

5 She'd like to be a teacher.

6 He'd like to be a doctor.

7 I'd like a kilo of bananas.

8 I'd like to go to the cinema.

Name: _____

Flashback

Here are some guidelines to follow when reading a longer text:

- Read the whole text through carefully at least twice in order to get a good idea of the theme or ideas. Look for clues from illustrations and headings.

- Read any questions based on the text. Make sure you are clear about what you are expected to do – if not, **ask**!

- Before answering any questions make quick notes first of key words, then use these notes when working out your final answers.

- If you are answering comprehension questions, you will need to select and adapt language from the text rather than simply copy.

- Don't be fazed by unknown vocabulary. Have a go at working new words out for yourself first before using a dictionary. For further advice, see *Arbeitsblätter* 9, 45 and 72.

- Finally, think carefully about which tense your answers should be in. In almost all cases the answer should be in the same tense as the question.

- Good luck!

1 Lies den Artikel rechts und beantworte die Fragen.

1 Wann beginnen die Sommerferien?

2 Wer freut sich auf die Ferien? Warum?

3 Wer freut sich nicht auf die Ferien? Warum nicht?

4 Was möchte Nadine nächsten Sommer machen?

5 Wo arbeitet ihre Mutter?

6 Welche Hobbys hat Markus?

Was machst **du** in den Sommerferien?

★ *Schulfreunde besprechen ihre Pläne für die kommenden Sommerferien* ★

Es ist schon Freitag – der letzte Schultag im Schuljahr – und auf dem Schulhof gibt es nur ein Thema unter den Schülern – die Sommerferien!

Julia hat schon feste Pläne: „Ich werde nach Frankreich fahren und meine Brieffreundin Marie besuchen. Sie ist sehr sympathisch und wir verstehen uns sehr gut. Wir werden Ausflüge machen und ihre Familie und Freunde besuchen – und natürlich auch viel Französisch sprechen!"

Nadine ist nicht ganz so begeistert: „Meine Eltern arbeiten beide – mein Vater ist Polizist und meine Mutter ist Verkäuferin – und ich muss immer viel zu Hause helfen. Das macht keinen Spaß! Aber nächstes Jahr werde ich nach Italien oder Spanien fliegen und am Strand in der Sonne liegen ..."

Markus ist auch nicht besonders froh: „Ich bleibe dieses Jahr auch zu Hause – leider! Das wird bestimmt langweilig sein. Morgens werde ich wenigstens lange schlafen. An Schultagen muss ich so früh aufstehen! Und tagsüber werde ich wahrscheinlich im Internet surfen oder Musik hören. Sonst weiß ich noch nicht."

Aber keine Angst. In nur sechs Wochen beginnt das neue Schuljahr ...

begeistert – thrilled, excited

froh – pleased, glad

wahrscheinlich – probably

keine Angst – don't worry

sich freuen auf – to look forward to

Name: _____

1 📼 Warum streiten sich Angelika und ihre Eltern? Hör gut zu und finde die richtige Reihenfolge für die Bilder.

a   □

b   □

c   □

d   □

e   □

2 📼 Wo haben Monika, Abi, Sven, Robert und Irene in den Ferien gewohnt? Wie waren die Leute? Hör gut zu und füll die Tabelle mit den passenden Wörtern aus.

| Wohnmobil   Jugendherberge   Freunde   Gastfamilie   Ferienwohnung | nie streng   nett   freundlich   lustig   nett   sympathisch   geduldig   lieb   gemein   lieb   launisch   tolerant   freundlich |

	Wo hat er/sie gewohnt?	Wie waren die Leute?
Monika		
Abi		
Sven		
Robert		
Irene		

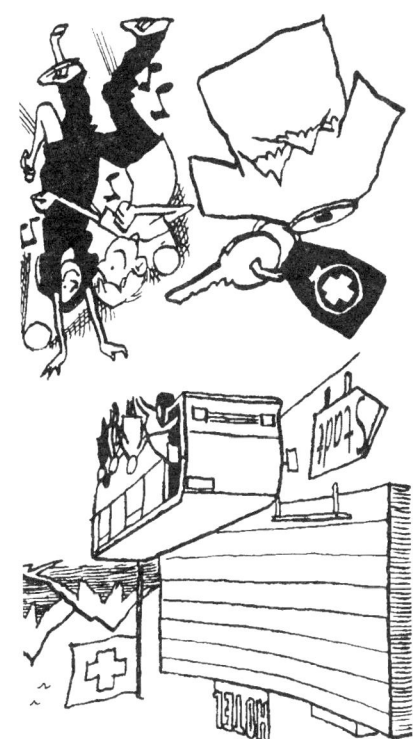

Partner/Partnerin A

1a Frag deinen Partner/deine Partnerin:

1 Wie siehst du aus?

2 Wie verstehst du dich mit deinen Eltern und warum?

3 Wie viel Taschengeld bekommst du?

4 Hast du einen Nebenjob?

5 Was machst du mit deinem Geld?

1b Dein Partner/deine Partnerin stellt Fragen. Du antwortest.

2a Dein Partner/deine Partnerin stellt Fragen über deine Ferien. Schau das Bild rechts an und antworte.

2b Frag deinen Partner/deine Partnerin:

1 Wohin bist du gefahren?

2 Wo hast du gewohnt?

3 Was hast du dort gemacht?

Partner/Partnerin B

1a Dein Partner/deine Partnerin stellt Fragen. Du antwortest.

1b Frag deinen Partner/deine Partnerin:

1 Wie siehst du aus?

2 Wie verstehst du dich mit deinen Eltern und warum?

3 Wie viel Taschengeld bekommst du?

4 Hast du einen Nebenjob?

5 Was machst du mit deinem Geld?

2a Frag deinen Partner/deine Partnerin:

1 Wohin bist du gefahren?

2 Wo hast du gewohnt?

3 Was hast du dort gemacht?

2b Dein Partner/deine Partnerin stellt Fragen über deine Ferien. Schau das Bild rechts an und antworte.

Name: _____

1 **Finde die passenden Bilder für die Sätze.**

1 Ich darf nicht in die Disco gehen. ☐

2 Ich kaufe zu viele Zeitschriften und CDs. ☐

3 Ich habe in einem Zelt gewohnt. ☐

4 Ich decke einmal pro Woche den Tisch. ☐

5 Ich bin zum Strand gegangen und ich habe Eis gegessen. ☐

a

b

c

d

e

2 **Finde die passenden Antworten für die Fragen.**

1 Wie siehst du aus? ☐   a Ich möchte ein neues Computerspiel.

2 Wie verstehst du dich mit deinen Eltern? ☐   b Ich habe kurze Haare und trage Ohrringe.

3 Wie waren die Ferien? ☐   c Ich führe immer den Hund aus.

4 Wofür sparst du? ☐   d Toll, aber unser Hotel war sehr schlecht.

5 Was machst du um halb vier? ☐   e Wir streiten selten, weil sie tolerant sind.

Name: _____

1 Richard beschreibt seinen besten Freund Peter. Was findet er gut und nicht so gut?
Lies den Brief und füll die Tabelle aus.

> Mein bester Freund heißt Peter und er ist immer nett und nie launisch. Er ist aber manchmal ungeduldig. Das finde ich nicht so gut.
>
> Wir verstehen uns sehr gut: Seine Lieblingsgruppe ist ‚Space' und ich finde die Musik auch cool. Wir beide haben eine Lieblingsfarbe – das ist Schwarz.
>
> Seine Eltern sind aber sehr altmodisch und ich darf nie bei Peter fernsehen! Das finde ich gemein. Peter bekommt auch kein Taschengeld und er muss in den Ferien arbeiten. Das finde ich nicht so gut – letztes Jahr sind wir zusammen nach Italien gefahren und das hat viel Spaß gemacht.

gut	nicht so gut

Name: _____

1 Wie ist Herr Schwarz? Schreib Sätze.

1 _____

_____

2 _____

_____

4 _____

_____

5 _____

6 _____

_____

3 Er isst gern Hamburger

und trinkt Cola.

2 Beschreib den Alltag von Hanna.

Beispiel: Um halb acht ziehe ich mich an und ich frühstücke.

3 Wohin bist du im Sommer gefahren und wie war das Wetter? Schreib Sätze.

Beispiel: 1 Ich bin nach Spanien gefahren. Das Wetter war heiß und windig.

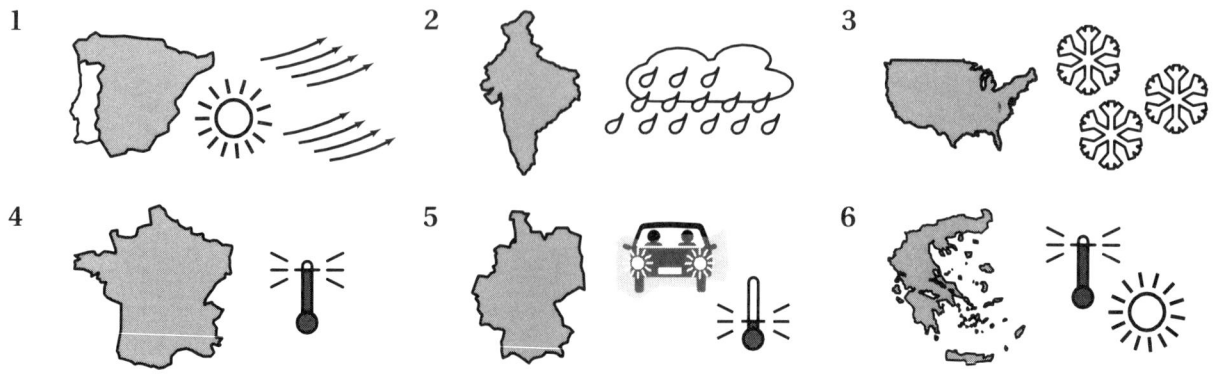

Name: _____

1 🎧 Was tragen Turabi und Güyal nicht gern, gern und am liebsten? Hör gut zu und füll die Tabelle aus – schreib ✗ (nicht gern), ✔ (gern) oder ✔ ✔ (am liebsten).

Turabi								
Güyal								

2 🎧 Guptal, Kathi, Michael und Alex bekommen Einladungen. Hör gut zu und füll die Tabelle aus.

	Datum der Einladung?	Wofür ist die Einladung?	Warum kann er/sie nicht hingehen?
Guptal	12. Mai	ein Schulfest	Er muss seinen Großeltern im Haus und Garten helfen.
Kathi			
Michael			
Alex			

3 🎧 Hör gut zu und beantworte die Fragen.

HABEN SIE DIESEN MANN GESEHEN?

1 Was trägt der Mann?

2 Wann war das Schulfest?

3 Was haben die drei Leute verloren?

4 Beschreib, was sie verloren haben.

1 _____
_____
_____

2 _____
_____

3 _____
_____

4 _____
_____

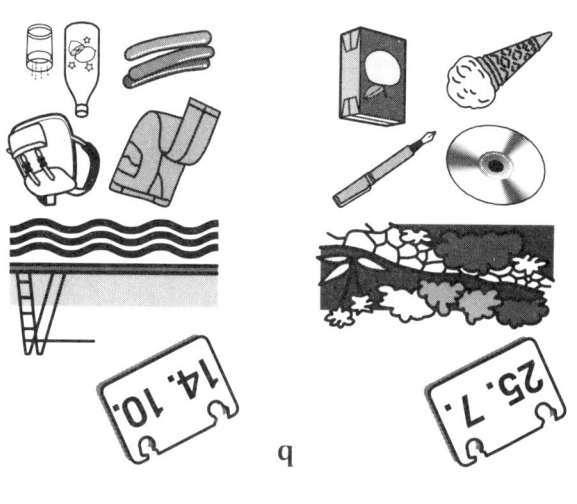

Partner/Partnerin A

1a Frag deinen Partner/deine Partnerin: „Was hast du verloren? Wo hast du das verloren?"

1b Dein Partner/deine Partnerin stellt Fragen. Du antwortest.

 a       b      c   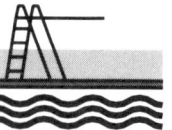

2a Frag deinen Partner/deine Partnerin:

- Wann war die Party?
- Wo war die Party?
- Was hast du bekommen?
- Was hast du gegessen und getrunken?

a      b 

2b Dein Partner/deine Partnerin stellt Fragen. Antworte mit den Informationen rechts.

Partner/Partnerin B

1a Dein Partner/deine Partnerin stellt Fragen. Du antwortest.

a    b    c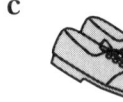

1b Frag deinen Partner/deine Partnerin: „Was hast du verloren? Wo hast du das verloren?"

2a Dein Partner/deine Partnerin stellt Fragen. Antworte mit den Informationen rechts.

2b Frag deinen Partner/deine Partnerin:

1 Wann war die Party?

2 Wo war die Party?

3 Was hast du bekommen?

4 Was hast du gegessen und getrunken?

a    b

Name: _____

1 **Was trägt Gabi und wohin geht sie? Finde die passenden Bilder für die Sätze.**

1 Ich gehe am Mittwoch zu einer Party – ich trage meinen grünen Minirock. ☐ ☐

2 Wir machen am Wochenende einen Einkaufsbummel. Meine Freundin trägt Jeans, aber ich trage lieber meinen schwarzen Rock. ☐ ☐

3 In Mannheim kann man jeden Tag ins Café gehen. Und was trage ich? Mein gelbes Kleid! ☐ ☐

4 Wir machen heute ein Picknick – ich will meine neue gelbe Bluse tragen. ☐ ☐

5 Heute gehe ich mit Klaus ins Kino. Ich trage meine braune Jeans, weil sie mir gut gefällt. ☐ ☐

a   b   c   d   e

f   g   h   i   j

Name: _____

1   Wo treffen sie sich? Finde die passenden Bilder.

1
Kathi,
ich will heute in den Park gehen und Fußball spielen. Kommst du mit? Treffen wir uns um drei Uhr vor dem Park?
Simone

2
Mutti,
ich will heute Nachmittag nach der Schule ins Fastfood-Restaurant gehen. Treffen wir uns um zwei Uhr vor der Imbissstube?
Dominik

3
Hallo, Timo!
Können wir heute Abend ins Kino gehen? Treffen wir uns um acht Uhr neben dem Kino?

Deine Britta

4
Alex,
ich gehe um 10 Uhr mit Tobias ins Schwimmbad. Kommst du auch? Wo treffen wir uns? Im Schwimmbad.
Bis später,
Kai

2   Lies die E-Mail und beantworte die Fragen.

Hallo, Karin!

Was hast du heute gemacht? Ich bin mit dem Zug nach Bonn gefahren und habe um zehn Uhr meine Freundin Anna vor dem Bahnhof getroffen. Wir sind mit dem Bus in die Stadt gefahren – das Wetter war super! Wir haben einen Einkaufsbummel gemacht, aber dann habe ich meine Brieftasche verloren! Sie war ganz neu und aus Leder – braun und silber. Ich bin zum Fundbüro gegangen und dort war meine Brieftasche! Dann haben wir im Fastfood-Restaurant Hamburger gegessen und Limonade getrunken. Und um sechs Uhr bin ich nach Hause gefahren. Jetzt muss ich ins Schwimmbad gehen, weil ich meine Schwester um acht Uhr dort treffe.

Dein Sascha

1 Wo war Sascha heute?

2 Wie ist er dorthin gefahren?

3 Was hat er vor dem Bahnhof gemacht?

4 Was hat er verloren?

5 Beschreib die Brieftasche.

6 Wo war die Brieftasche?

7 Was hat Sascha gegessen und getrunken?

8 Warum geht Sascha ins Schwimmbad?

Name: _____

1 Wo sind die Kleidungsstücke?
Schreib Sätze.

Beispiel:

a Das T-shirt ist im Kleiderschrank.

2 Beschreib Thomas'
,Schuluniform'.

• Was trägt er?

• Wie sieht seine
,Uniform' aus?

• Wie findest du seine
,Uniform'?

3 Sofia macht eine Faschingsfete. Lies den Zeitplan und
beschreib Sofias Tag.

Beispiel:

Ich mache am Montag, den 2. Februar, eine Faschingsfete ....

Datum	FEB. 2 Montag
Wann?	19.30
Wo?	
Was braucht sie? Wohin muss sie gehen?	
Was hat sie nicht? Wohin muss sie gehen?	

Name: _____

1 🔊 Was für Berufe haben sie? Hör gut zu und finde die passenden Bilder.

a   b   c   d   e

f   g   h   i   j

2 🔊 Was tut Herrn Hilflos weh? Hör gut zu und schreib ✔ oder ✘ in die passenden Kästchen.

3a 🔊 Philipp macht eine Umfrage in seiner Klasse. Was sind für seine Freunde die schlimmsten Umweltprobleme? Hör gut zu und füll die Tabelle aus.

3b 🔊 Was soll man für die Umwelt tun? Was sagen Philipps Freunde? Hör noch einmal zu und füll die Tabelle aus.

	3a Die schlimmsten Umweltprobleme	3b Was soll man machen?
Monika	Müll – Papier und alte Dosen überall	Müll sortieren, Recycling
Thomas		
Annette		
Jessica		
Gerd		

2b Und was findest du nicht gut? A sagt einen Satz, dann ist B dran usw.

Beispiel:

B   Ich wohne lieber in der Stadt, weil …

A   Ich wohne gern auf dem Land, weil …

Beispiel:

Partner/deine Partnerin wohnt lieber in der Stadt. Was findest du gut? A sagt einen Satz, dann ist B dran usw.

2a Du wohnst lieber auf dem Land. Dein

Partner/Partnerin A

B   Ich möchte Lehrer werden.

A   Ich möchte in der Schule bleiben.

Beispiel:

sagen.

Zukunftspläne. Ihr müsst fünf Sätze

1b Sagt weitere Sätze über Berufe und

A   Ich werde ins …

B   Ich werde zu Hause bleiben.

A   Ich werde nach Australien fliegen.

Beispiel:

Sätze sagen.

1a Zukunftsspiel – die Ferien. A sagt einen Satz, dann ist B dran usw. Ihr müsst fünf

---

Partner/Partnerin B

1a Zukunftsspiel – die Ferien. A sagt einen Satz, dann ist B dran usw. Ihr müsst fünf Sätze sagen.

Beispiel:

A   Ich werde nach Australien fliegen.

B   Ich werde zu Hause bleiben.

A   Ich werde ins …

1b Sagt weitere Sätze über Berufe und Zukunftspläne. Ihr müsst fünf Sätze sagen.

Beispiel:

A   Ich möchte in der Schule bleiben.

B   Ich möchte Lehrer werden.

2a Du wohnst lieber in der Stadt. Dein Partner/deine Partnerin wohnt lieber auf dem Land. Was findest du gut? A sagt einen Satz, dann ist B dran usw.

Beispiel:

A   Ich wohne gern auf dem Land, weil …

B   Ich wohne lieber in der Stadt, weil …

 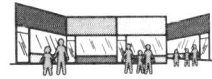 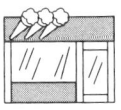

2b Und was findest du nicht gut? A sagt einen Satz, dann ist B dran usw.

Name: _____

1 Was ist gesund und was ist ungesund? Lies die Sätze und schreib ✔ (gesund) oder ✗ (ungesund) in die Kästchen.

1 Ich trinke keinen Alkohol. ☐

2 Ich esse nicht viel Fastfood. ☐

3 Ich fahre nie Rad. ☐

4 Ich esse gern Süßigkeiten. ☐

5 Ich gehe oft zu Fuß. ☐

6 Ich mache nicht oft Sport. ☐

7 Ich esse viel Obst. ☐

8 Ich esse nicht gern Fisch. ☐

9 Ich trinke jeden Tag Kaffee. ☐

10 Ich trinke viel Mineralwasser. ☐

2 Was macht Klasse 9H in den Sommerferien? Finde die passenden Bilder für die Sprechblasen.

Hans — Ich werde nach Italien fliegen und dort den ganzen Tag faulenzen. ☐ ☐

Jasmin — Ich werde einen Ausflug zum Berliner Zoo machen und an meine Brieffreundin in Frankreich schreiben. ☐ ☐

Ahmid — Ich werde eine Radtour nach Süddeutschland machen und viele Geschenke für meine Familie kaufen. ☐ ☐

Kai — Prima – die Sommerferien! Ich werde jeden Tag um elf Uhr aufstehen und am Abend bis zwölf Uhr ins Popkonzert gehen! ☐ ☐

Silke — Ich höre gern Musik und ich werde morgens Klavier spielen. Nachmittags werde ich dann ins Schwimmbad gehen. ☐ ☐

Name: _____

Ja, natürlich helfe ich der Umwelt. Zu Hause dusche ich mich jeden Tag und ich bade nur einmal in der Woche. Im Supermarkt nehme ich immer Tüten aus Stoff, nie Tüten aus Plastik. Jede Woche trenne ich den Müll und ich bringe Altpapier zum Recyclingcontainer in der Nähe von meiner Schule. Ich fahre immer mit dem Rad zur Schule – das ist umweltfreundlich und das macht auch fit! Mein Freund Dieter fährt aber mit dem Auto. Er ist nie umweltfreundlich! In der Pause trinke ich immer Cola und Limonade in Flaschen und nicht in Dosen. Wir haben einen Container für Altglas in der Schule.

In der Schule ist Müll das größte Problem. Müll gibt es überall auf dem Schulhof. Wir machen aber dieses Jahr eine Umweltaktion: Wir räumen jeden Tag den Schulhof auf und das wird jede Woche besser.

1a Wie hilft Guptal der Umwelt? Lies den Text und finde die richtige Reihenfolge für die Bilder.

1b Sind die Sätze richtig oder falsch? Schreib ✔ oder ✗ in die Kästchen.

1 Guptal trennt jeden Tag den Müll. ☐

2 Dieter ist sehr umweltfreundlich. ☐

3 In der Schule gibt es einen Altglascontainer. ☐

4 Müll ist am schlimmsten in der Schule. ☐

5 In der Schule räumen sie die Klassenzimmer auf. ☐

a 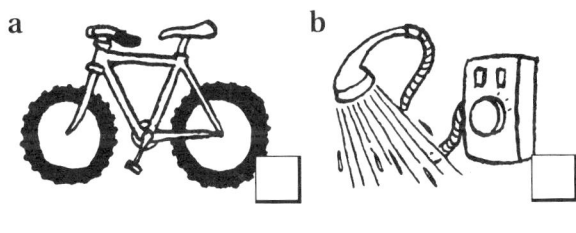 ☐

b ☐

c 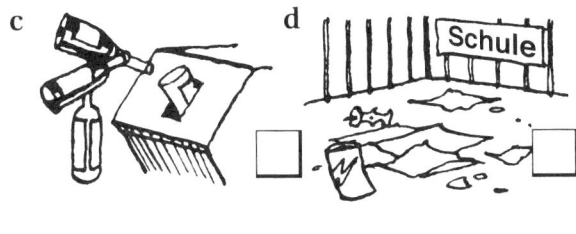 ☐

d ☐

e  ☐

Name: _____

1 Was gibt es in dieser Stadt? Beschreib die Stadt.

Beispiel:

In dieser Stadt gibt es eine Tankstelle …

2 Was hast du letzte Woche gemacht? Was wirst du nächste Woche machen? Schreib Sätze.

Beispiel:

a Ich habe ein Picknick gemacht. → Ich werde ein Picknick machen.

3a Was sind ihre Zukunftspläne für die nächste Woche, die Sommerferien und später? Schreib Sätze mit *Ich werde …* und *Ich möchte …*

Nächste Woche: **Die Sommerferien:** **Später:**

3b Du bist dran! Beschreib deine Zukunftspläne für die nächste Woche, die Sommerferien und später.